Martin Leidenfrost
Die Welt hinter Wien

Copyright © 2008 Picus Verlag Ges.m.b.H., Wien
Alle Rechte vorbehalten
Grafische Gestaltung: Dorothea Löcker, Wien
Umschlagfoto: © Martin Leidenfrost
Druck und Verarbeitung:
Druckerei Theiss, St. Stefan i. Lavanttal
ISBN 978-3-85452-629-2

Informationen über das aktuelle Programm
des Picus Verlags und Veranstaltungen unter
www.picus.at

Martin Leidenfrost

Die Welt hinter Wien

Picus Verlag Wien

Inhalt

Zum Geleit 9
Ostflieger 15
Liebeserklärung an eine Zwischenwelt 27
Wagon Slovakia 35
Volkskörper 38
Monaco der Zapfsäulen 44
Mit dem Dreschflegel 47
Der Förster von Stopfenreuth 50
Was ein Ungar ist 53
Roma Road Show 56
Kittsee geheim 59
Das letzte Schiff 62
Sieben Versuche über Wilsonovo 65
Die Schwelle 85
Südmährische Kommunion 88
Monument des Sinkflugs 91
Ein Wahnsinnsortl 97
Über Pferde und Männer 100
Den Meeren glauben 103
Im Stausee 109
Die Markomannen 112
Lobau Love 115
Lundenburg Thrill 119
Der Turmbau von Brabel 125
Im Rosengarten 129

Abschied von Piroschka	135
Das große Zittern	141
Warmes Wasser	144
6x6 m	147
Prügel	153
Der dritte Anlauf	156
Tief im Westen	159
Sex, Vietnam, Kellergasse	162
Wasser stehlen	168
Wenn ich geh nach Schwitzerland	174
Parndorfer Vision	177
Unter Walachen	180
Hm	183
An der schönen grünen Donau	186
Die neuen Nachbarn	189
Wo man Hochzeit macht	195
Quelle der Hoffnung	198
Der Referent	201
Ein Trdelník auf Reisen	205
Wieder Weltkrieg	208
Ballade von der Sinica	211
Auf dem Postenstand	214
Ein Sommerregen	218
Zum Abschied	221
Centrope 2020	231

Zum Geleit

Die Gegend hat viele Namen und keinen. Vielleicht ist die Gegend auch keine Gegend und braucht keinen Namen. Ihre Bewohner sprechen vier Staatssprachen und Dutzende sonstige Idiome. Die Wenigsten unter ihnen würden sagen, dass die Gegend, von der ich erzähle, eine Gegend ist.

Ein paar Leutchen mühen sich mit Benennungen. Als hätte Europa nicht Dutzende gemessener, gefühlter, behaupteter Mitten, haben sie die Gegend zur Mitte Europas erklärt. Den mitteleuropäischen Freiraum, der sich zwischen Alpen und Karpaten erstreckt, um die Achse Wien–Bratislava herum, ungefähr von Györ bis Brünn, mal etwas weiter, mal etwas enger gefasst.

Centrope, Europa Region Mitte, Central Danube, Twin-City. Kein Name hat sich bislang durchgesetzt, sonst ließe sich mein Buch in den Buchhandlungen einsortieren, im Reiseregal oder überhaupt irgendwo. Stattdessen lege ich einen Bastard vor: deplatziert unter den Wien-Büchern, weil ich das Stadtgebiet umgehe, randständig im Österreich-Fach, weil ich nur durch den verschmähten Ostsaum der Alpenrepublik spaziere. Ein Tschechien-Buch ohne Prag, ein Ungarn-Buch ohne Budapest, ein Slowakei-Buch – aber für die Slowakei gibt es ohnehin kein Regal.

Also Rest und Rand, Sonstiges und Vermischtes. Immerhin ist die Gegend zu einem Ort der Fantasie geworden. Vladimír Bajan, 2005 zum Verwaltungschef der Region Bratislava gewählt, hat seine Vision von »Groß-Bratislava« vorgestellt. Er zitiert namentlich nicht genannte »Developer«, die der Gegend »nicht zufällig eine schier unglaubliche Zukunft vorhersagen«. Die sechs Millionen Einwohner der Gegend würden sich – so Bajans Developer – in zwanzig Jahren verdoppeln. »Einige Studien sprechen von bis zu zwanzig Millionen Einwohnern.«

Eine ruhigere Zukunft hat uns »CENTROPE 2015« prophezeit, eine Wiener Magistrats-Utopie reinsten Wassers. In dem 2006 veröffentlichten Zukunftsbild steigt die Gegend zur »dynamischen Biosphärenwachstumsregion« auf, zu einer »Learning Region« mit »Centrope Card« und »Gender Center Centrope«.

Eingeleitet wird die Vision so: »April 2015. Heute treffen die Landeshauptleute, Komitatspräsidenten und Bürgermeister der Europa Region Mitte zu ihrer diesjährigen Generalversammlung zusammen, um das Arbeitsprogramm für CENTROPE für die nächsten beiden Jahre zu beraten und zu beschließen.«

Als ich in »Centrope 2015« auf Begriffe wie »cross border skills net« stieß, musste ich an die niederösterreichische Pensionistin denken, die mir auf einer Bahnfahrt durch das Marchfeld begegnet ist. Die Frau hatte sich über viele Jahre ihren eigenen Reim darauf gemacht, was die englische Durchsage in den Regionalzügen bedeuten soll. Sie konnte kein Englisch und hätte auch nicht erwartet, dass Helmahof und Silberwald in der Weltsprache angekündigt werden. Bevor ein sprachkundiger Jugendfreund sie aufgeklärt hat, war sie all die Jahre der Überzeugung gewesen, dass die rätselhafte Lautkombination »next stop« nur eins bedeuten kann: Nächstdorf.

Die Gegend wird auch sonst zu einem Ort der Fantasie. Das ist schon deshalb so, weil man sich gegenseitig nicht kennt, in Wiens nahem Osten. Man mag es mit historischen Traumata erklären, mit Krieg, Vertreibung, Eisernem Vorhang und Schengengrenze, oder auch mit Einkommensgefälle, Verkehrsbarrieren, Komplexen und Ignoranz. Jedenfalls haben alle in der Gegend siedelnden Stämme ihre höchst eigene Vorstellung davon, was nah und was fern, was fremd und was vertraut ist.

Umfragen haben den Verdacht bestätigt, dass die gefühlte Entfernung zwischen Wien und Bratislava ungleich größer ist als jene zwischen Bratislava und Wien. Viele Wiener wähnen Bratislava hundert bis dreihundert Kilometer entfernt, während fast jeder Pressburger die richtige Antwort gibt. Und sollte sie auch sonst kein Wort Deutsch verstehen, kommt jeder jungen Pressburgerin »Mariahilfer Straße« vollendet über die Lippen.

Dennoch erhebe ich nicht den Vorwurf: Wie kann man noch nie dort gewesen sein! Ich war selbst nicht anders. Nur durch ein Experiment bin ich mitten in die Gegend hineingeraten – durch ein offenkundig entglittenes Experiment, denn aus einer vorübergehenden Verlagerung des Wohnsitzes wurden mindestens vier Jahre meines Lebens.

Dass man in der Gegend so wenig übereinander weiß, stimmt mich eigentlich froh. Es hat mir beim Schreiben – dabei ist alles wahr! – eine schwindelerregende Freiheit verschafft.

Die meisten Texte dieses Buches gehen auf Reisen zurück, die ich für die Serie *Die Welt hinter Wien* unternommen habe, erschienen im *Spectrum* der Wiener Tageszeitung *Die Presse*. Ein Jahr lang, von Oktober 2006 bis Oktober 2007, bin ich jede Woche an einen anderen Ort gegangen und in eine andere Sphäre getaucht, in Shoppingcenter und Roma-Slums, in Business-Towers und Dorfkaschemmen, in Stauseen, Wohnstuben, Grenzorte, Puff-Hütten und Verkäufer-Seminare, in schwule Pferdefarmen und in hussitische Messen. Was ich für die Essenz meiner Erkundungen halte, ist in dieses Buch gepresst.

Natürlich habe ich mir die Frage nach dem Stil gestellt. Ich habe mich umgesehen und fand mindestens drei Stile, in denen über »den Osten« geschrieben wird: Mitteleuropa-Nostalgie, Ostkitsch, Investoren-Pathos.

Mitteleuropa-Nostalgie ist das Programm kleiner Minderheiten, aber unter Dichtern, Dissidenten, Intellektuellen vorwiegend fortgeschrittenen Alters verbreitet. Sie raunen eher von »Mitteleuropa«, als dass sie davon sprächen, und die sozio-ökonomische Wirklichkeit des 21. Jahrhunderts kommt dabei nur als störendes Ärgernis vor.

Dass ich speziell zur habsburg-nostalgischen Linie dieser Schule nicht tauge, wurde mir bei der Stasiuk-Lektüre bewusst. In seinem Europa-Essay »Logbuch« schildert der Wahl-Galizier, wie er in der ungarischen Provinz mit einem unbekannten Narren Körte säuft. Der Pole und der Ungar verstehen die Sprache des anderen nicht, aber es ist der 18. August, und sie wissen beide, worauf sie trinken – auf Kaisers Geburtstag. Der Österreicher in mir musste das Buch beschämt zur Seite legen. Ich hätte nicht einmal gewusst, an welchem Tag der Kaiser Geburtstag hat.

»Ostkitsch« ist das vernichtendste Werturteil, das der slowakische Schriftsteller Michal Hvorecký zu vergeben hat. Da ich dieses Urteil im Innersten fürchte, habe ich ihn nie nach der genauen Bedeutung von »Ostkitsch« gefragt. Er meint wohl das Schwelgen in einer Romantik des Verfalls, der Armut und kommunistischer Relikte.

Mit dem Wirtschaftsboom der postsozialistischen Länder ist ein dritter Stil aufgekommen, das globalisierte Pathos der Investoren, die ihre mit

Anglizismen versetzten Businesspläne über die Gegend stülpen. Von Intellektuellen verachtet, erscheint mir das Investoren-Pathos dennoch relevant. Seine Protagonisten sind leicht zu erkennen: Ein Wort wie »Mitteleuropa« käme ihnen nie über die Lippen, ihr Schaffen gilt »Zentraleuropa« oder »CEE«. Zu ihnen gehören wohl Bajans Developer und auch die Werktags-Propheten vom Wiener Magistrat.

Alle drei Stile stehen für Initiativen, Institutionen und Neigungsgruppen, die sich der Gegend annehmen, fein säuberlich voneinander getrennt. Ich habe versucht, mich all dieser Stile fromm zu enthalten – und nahm bestimmt einige Anleihen auf.

Meine Spaziergänge sollen von Nutzen sein. Wer in meinen Geschichten gute Gründe findet, warum er nie in die Gegend zu fahren braucht, ist mir als Leserin und als Leser lieb und wert. Ich freue mich sogar diebisch, wenn niemand meine Angaben überprüft. Ja, eigentlich könnte ich Märchen erzählen. Märchen aus der Gegend. Märchen aus Nächstdorf.

Ostflieger

1

Vor Jahren hat ein französischer Freund namens A. die Nachricht erhalten, dass ein Schulkollege seiner Kindheit in der österreichischen Provinz gelandet war. Der Schulkollege war Mönch geworden und hatte ausrichten lassen, A. möge ihn doch im Kloster besuchen. Im Kloster von Marchegg.

Wir lebten damals in Wien und hatten weder von dem Kloster noch von dem Ort je gehört. Wir fanden Marchegg auf der Karte, am Ostrand Niederösterreichs, an der slowakischen Grenze. Die Einladung machte A. nervös, ein beinahe vergessener Schulkollege seiner Kindheit in der Umgebung von Paris hatte sich in einen Mönch verwandelt.

A. war konfessionslos und sagte zu mir: »Du bist doch Niederösterreicher, liebst den Osten und verteidigst bei jeder Gelegenheit die katholische Kirche, übrigens völlig zu Unrecht. Du musst mitkommen. Nur wenn du mitkommst, fahre ich an die March.«

Mich hat nichts weniger als Marchegg interessiert. Ich sehnte mich gerade nach Minsk, nach der Krim, nach Astrachan, sagte A. jedoch zu. Das muss im Jahr 2002 gewesen sein, denn wir schoben den Ausflug ein Jahr vor uns her.

Am Palmsonntag 2003 sind wir gefahren. Was ich dort draußen sah, wühlte mich so auf, dass ich nach der Rückkehr einen Haufen Zeug in mein Tagebuch klopfte und hektisch Informationen sammelte – als hätte ich einer Bestätigung bedurft, dass jener unheimliche Ort tatsächlich existiert. Ich nahm mir vor, etwas sehr Grundsätzliches über Marchegg zu schreiben. Na ja, einen »exemplarischen Essay«.

Wieder verstrich ein Jahr, und ich tat nichts in der Art. Wie kein Land zuvor hat mich die Ukraine gefesselt, monatelang trieb es mich durch Kiew und durch die Steppen am Schwarzen Meer. Erst im Frühjahr 2004 überwand ich mich, ein zweites Mal nach Marchegg zu fahren. Pünktlich zur großen Osterweiterung der EU erschien mein Essay.

Ich gebe den Text wieder, obwohl mir das »Exemplarische« des Essays, der unpersönliche Tonfall, nicht mehr sympathisch ist. Seit die Schengengrenze von Österreich abgerückt ist, liest er sich beinah historisch, wie eine Erinnerung an Marchegg.

Aber damit hat alles begonnen. Der Text hat mich in Marchegg nicht beliebt gemacht, und kurz nach der Veröffentlichung brach in meinem Leben das Chaos aus. Wieder einmal stand mir ein Umzug bevor, wieder einmal ein Umzug innerhalb von Wien. Es verging kein Monat, und ich zog an die March.

2

Es fiele leicht, den Marchegger als Idealtyp verbiesterter Provinzialität, als bösen Spießer, als auffallend niedrige Spielart des Niederösterreichers zu karikieren. Verfolgte man diese Absicht, böte sich ein Hinweis auf die junge Klosterschwester an, die von der Straße weg zur Polizei geschleppt wurde. Die in Marchegg lebende Ausländerin hatte einen Marchegger nach dem Weg gefragt und wurde in voller Ordenstracht zum Opfer ihres Akzents. Man weiß ja nie, mag der eifrige Mann gedacht haben, auf was für Tricks die Illegalen kommen.

Es fiele aber allzu leicht, den trüben Eindruck, den die Kleinstadt an der slowakischen Grenze hinterlässt, einer Charakterschwäche des Marcheggers zuzuschreiben. Der Marchegger ist derartigen Widrigkeiten ausgesetzt und wurde auf eine Weise in den Windschatten der Geschichte geworfen, dass es ihm unverhältnismäßig schwer fallen muss, ein guter Multikulturalist zu sein.

Immerhin lernen einige Dutzend Marchegger die slowakische Sprache, die neuerdings als Freifach in den Schulen und als Abendkurs angeboten wird. Den Anstoß dazu hat das »Grenzüberschreitende Impulszentrum« gegeben, das mit Mitteln der Europäischen Kommission dem Auftrag folgt, »am Abbau der hartnäckigen Barrieren der Wahrnehmung unserer slowakischen Nachbarn zu arbeiten«. Wofür Marchegg heute in Mitteleuropa steht, dafür kann der Marchegger selbst gar nicht einmal viel.

So sehr ein Einzelner sich dagegen stemmen mag, formt doch das bittere Regime der Schengengrenze Tag für Tag das Bewusstsein. Die Bedürftigen und Entrechteten, die aus den Weiten Eurasiens nach Westen strömen, beunruhigen nicht den Schlaf des Kitzbühlers. Es ist der Marchegger, den nachts die Angst beschleicht, die March könnte das ganze Elend dieser Welt vor die Tür seines bescheidenen Einfamilienhauses spülen.

Zum leisen Horror Schengens kommt der Umstand hinzu, dass auf dem Gebiet der 3500 Einwohner zählenden Gemeinde drei Stämme ansässig sind, die nicht alle in bestem Einvernehmen stehen: Die Gemeinde zerfällt in Marchegg-Stadt und Marchegg-Bahnhof, zwei voneinander abgesonderte Entitäten, die drei Kilometer auseinanderliegen. Und in den abgestorbenen Eichen der Aulandschaft siedelt die größte baumbrütende Weißstorchkolonie Europas.

Die Marchegger Störche sind Ostflieger, wählen für ihren Flug nach Südafrika die Route über den Bosporus statt jener über Gibraltar. Das »Storchendorf Europas« ist eine touristisch erschlossene Attraktion: An sonnigen Wochenenden wandern heitere junge Familien die Naturlehrpfade entlang, besteigen die hölzerne Aussichtsplattform, und manches kindliche Auge sieht man vom Lebensgefühl der Vögel träumen, das für Freiheit und Geborgenheit gleichermaßen steht. Es ist ein Ort der Weite.

Die Störche bleiben ihrem Partner nicht treu, ihrem Nest hingegen schon. Oft bauen sie ein Leben lang daran, bis es einige hundert Kilo wiegt. Das Phänomen der Zugvögel ist eine rätselhafte Verschwendung der Natur, in dem sich schwerlich ein Sinn erkennen lässt. Die Jungen fliegen vor den Alten los, dennoch landen alle zusammen in Südafrika. Sie fliegen bis zu zweihundert Kilometer am Tag, zwei Drittel gehen in der Sahara zugrunde. Jene, die den Flug überstehen, kommen immer wieder nach Marchegg zurück. Sie sind so sesshaft wie die Marchegger selbst, nur eben sesshaft an zwei Orten.

Mutlos möchte man dem Integrationsprozess der EU-25 entgegenblicken, wenn man das blanke Unverständnis erfährt, das Marchegg-Stadt und Marchegg-Bahnhof voneinander trennt. »Wenn ich einen Bahnhöfler nur seh, muss ich schon speiben«, entfährt es einer älteren Einwohnerin von Marchegg-Stadt. In der jungen Generation wird die tradierte Hassbeziehung zwischen der bäuerlich-kleinbürgerlichen Stadt und dem proletarischen Ortsteil Bahnhof weiter gepflegt und verfeinert.

Jeder Ortsteil hat seine Kirche mit eigenen Gottesdiensten, am Bahnhof wird dieser faktisch nicht besucht. Die Kirche am Bahnhof, ein schmutzigbeiger moderner Bau, liegt an einer Seitenstraße. Umstanden von magersüchtigen Nadelbäumchen, führt eine Art flacher Garagenzufahrt aus grauen Betonplatten zu der Kirche hin. Wo die Zufahrt in die Straße mündet, soll jeden Vollmond ein Huhn geschlachtet worden sein, nach Möglichkeit auch eine konsekrierte Hostie zerstampft.

Es gibt eine Marchegger Gewissheit, die der mürrischen Mentalität des Ortes zugrunde liegt: Für uns interessiert sich niemand. Dies auf die Grenzbildung von 1918 und den Eisernen Vorhang zurückzuführen, hieße um sechs Jahrhunderte zu kurz zu greifen.

In Wirklichkeit kam Marchegg nie über den Umstand hinweg, dass die österreichischen Erblande 1278 an Habsburg fielen. Die herausragende Stellung, die der hoffnungsvollen Neugründung von Böhmenkönig Ottokar versprochen war, sollte Marchegg im Verlauf seiner Geschichte niemals einnehmen dürfen. Geplant war die größte Stadt Ostösterreichs.

An die weitausgreifenden Pläne des untergegangenen Přemysliden erinnern die Reste der acht Meter hohen Stadtmauer. Gut erhalten ist das nach Westen führende Wiener Tor, nach dem Brauch der Zeit mit Schießscharten und Pechnasen ausgestattet. Das nach Osten weisende Ungartor ist verfallen.

Von niedrigen eingeschoßigen Häusern umrahmt, liegt der Hauptplatz in der unbelebten Starre seiner Nutzlosigkeit. In der Mitte des Hauptplatzes steht fest gemauert der mehrflügelige Grenzüberwachungsposten, wo auf mehreren Etagen jene Flüchtlinge eingesperrt werden, die es heil über die March geschafft haben. Seit der Innenminister 2001 die dort untergebrachten »Anhalteräume« eröffnet hat, werden mehr als 7000 Flüchtlinge pro Jahr durchgeschleust. Auf den nachsichtig gepflegten Wiesen rundherum muntern sich wilde Bienenschwärme gegenseitig auf.

In der jüngeren Geschichte Österreichs steht Marchegg für mehr als einen Abweg der österreichischen Politik. Längst ist allgemein akzeptiert, dass Österreich milchgesichtige Präsenzdiener an seine Grenze stellt, um sie zur Asylantenabwehr heranzuziehen. Welchen pädagogischen Effekt dieser Dienst auf Teenager hat, interessiert dabei wenig.

»Die Illegalen haben nicht pariert«, erzählt ein 19-jähriger Oberösterreicher von seiner letzten Nachtwache. Die Grenzgendarmerie habe ihn zur Verstärkung gerufen, da sich einige Georgier der Verhaftung widersetzt hätten. Der Junge erzählt die Geschichte so beiläufig, wie er nur kann. Seinen Stolz vermag er nicht zu verbergen.

Ein unermessliches Versagen drückt sich in der Tatsache aus, dass es für Marchegg und das ganze Marchfeld vierzehn Jahre nach dem Fall des Kommunismus immer noch keine Autobrücke ans andere Ufer der March gibt. Will man von Marchegg ans andere Ufer der March fahren, besteht die einzige zuverlässige Verbindung in einer vierzig Kilometer langen Route, die weit nach Süden, zweimal über die Donau und durch das Stadtgebiet von Bratislava führt. Dabei ist der Nachbarort Devínska Nová Ves, ein entlegener Stadtteil Bratislavas, keine fünf Kilometer entfernt.

Ende des 19. Jahrhunderts führten noch zwölf Übergänge, darunter vier Straßenbrücken, über die March. Zum Zeitpunkt der Osterweiterung kann die vierundsiebzig Kilometer lange Flussgrenze nur an zwei Stellen überquert werden: Die provisorische Pontonbrücke in Hohenau tut ihren Dienst nur dann, wenn die March weder zu wenig noch zu viel Wasser führt. Ähnliches gilt für die Fähre in Angern, die bei Nacht nicht operiert.

Schuldige ließen sich benennen, doch gibt es ihrer zu viele. Abgesehen von der politischen Ignoranz jeglicher Couleur leistet auch die Marchfelder Bevölkerung hinhaltenden Widerstand, ausgedrückt in Bürgerinitiativen und einem ablehnenden Bürgerentscheid zur Angerner Fähre. Ökologische Argumente sind in der sensiblen Auenlandschaft Marchfeld/Záhorie schnell zur Hand, als Kronzeugen benennt man die Marchegger Störche.

Was manche den »Schock von Marchegg« nennen, bezeichnet einen vergessenen und dennoch folgenschweren Moment der Zeitgeschichte. Im Herbst 1973 überfielen palästinensische Terroristen in Marchegg einen Zug, der jüdische Emigranten aus der Sowjetunion brachte. Die Terroristen nahmen mehrere Geiseln und verschanzten sich mit ihnen auf dem Flughafen Schwechat.

In den Verhandlungen traf Bundeskanzler Kreisky eine Entscheidung, welche die israelische Premierministerin Golda Meir als »die bisher größte Ermutigung für Terroristen« bezeichnete: Er gab den Terroristen nach. Er erlaubte ihnen, Österreich unbehelligt zu verlassen, und schloss eine Unterkunft für jüdische Emigranten. Dass Österreich auf diese Weise Terrorismus von seinem Boden fernhalten konnte, bestätigte sich in Form des Gegenteils. In den folgenden Jahren wurde Österreich mindestens fünfmal Schauplatz arabischer Anschläge, viermal mit Toten, unter denen jedes Mal auch Österreicher waren.

Auf der Homepage Marcheggs ist eine Landkarte dargestellt, die Marchegg und Umgebung zeigt. Während auf der österreichischen Seite jeder Spargel namentlich vermerkt ist, erstreckt sich jenseits der March eine abweisende dunkelgrüne Landmasse. Besseres Kartenmaterial würde den Marcheggern sagen, dass sie einen Vorort von Bratislava bewohnen.

Und sollten sie eines Tages nicht mehr mit dem Rücken zur Grenze leben, würden die Marchegger feststellen, dass sie ihrer Nachbarschaft froh sein können. Am anderen Ufer hat sich eine junge Nation zu einer pulsierenden Marktwirtschaft hochgekämpft. Am anderen Ufer liegt Volkswagen Slovakia, eine Autofabrik für 10.000 Beschäftigte.

Ungeachtet aller Verzögerungen naht die Stunde, in der Marchegg aus dem Isolator gerissen wird. Bislang verfügt Marchegg nur über eine Eisenbahnbrücke, doch stehen parallel dazu ein paar Brückenpfeiler, im Jahr 1917 von italienischen Kriegsgefangenen errichtet. 2003 ist ein Spatenstich erfolgt, man will eine provisorische Brücke auf die Pfeiler legen.

Auf absehbare Zeit bleibt Stand der Dinge, dass Marchegg sich als militarisierte Trutzburg eingerichtet hat, und darin eingenistet lebt das Marchegger Gefühl. Grenzgendarmerie und Bundesheer drücken dem Gemeindeleben ihre visuelle Präsenz auf. Wer noch hinhört, vernimmt die immer gleichen Nachrichten ertrunkener, von Schleppern ausgesetzter Flüchtlinge.

Erst wenn der Marchegger Arbeiter überlegt, nebenan für VW zu arbeiten, anstatt ins ferne Wien zu pendeln, wird Marchegg in seiner Normalität angekommen sein. Noch verfiele der gestandene Bahnhöfler in wildes Hohngelächter, konfrontierte man ihn mit einem solchen Vorschlag. Es wäre aber einfach nur normal.

3

Als ich 2004 diese Zeilen schrieb, ahnte ich noch nichts. Ich dachte wahrscheinlich, ich würde irgendwann wieder einmal in dem Ort vorbeischauen, aus dem die bösen Briefe kamen. Dass ich Marchegg noch 400 bis 500 Mal frequentieren würde – die Vorstellung hätte mich erschreckt.

Und doch kam es so. Pfingsten 2004 bin ich nach Devínska Nová Ves gezogen, an das gegenüberliegende Ufer der March.

Was sich seither getan hat, ist schnell erzählt. In Hohenau, im Dreiländereck Österreich-Tschechien-Slowakei, wurde der Ponton durch ein festes Brücklein ersetzt, einspurig und im Ampelbetrieb. Wie 2003 in Marchegg, wurde 2005 in Záhorská Ves eine Brücke versprochen. Zu bauen begonnen hat man in beiden Fällen nicht. Die Marchegger Autobrücke sollte 2006 freigegeben werden, irgendwann sprachen die Verkehrsplaner nur noch von 2018.

Seit ich an die March gezogen bin, habe ich Marchegg Dutzende Male betreten, und Hunderte Male muss ich durchgefahren sein. Immer mit der Bahn, auf der Strecke Wien–Devínska–Wien.

Oft habe ich durch das Zugfenster auf den »Wirtschaftspark Marchegg« geschaut, eine fünf Millionen teure Investition, die ohne die Brücke nutzlos blieb. Wo gibt es in der Gegend ein gepflegteres Wiesenstück – mit Gleisanschluss, Installationen und asphaltierten Straßen!

Und viele hundert Mal habe ich auf die Brückenpfeiler geschaut, klobige Betonklötze mit ein wenig Moos, seit 1917 verwaist und verwittert. Mein liebgewonnenes Monument centropischer Melancholie.

Liebeserklärung
an eine Zwischenwelt

Der Ort, an dem ich heute lebe, erschien mir damals als ein dämonischer Gruß der Eiszeit. Damals, in der Zeit nach 1989, als wir mit der Bahn nach Osten fuhren, über die frisch vernarbte Naht des Eisernen Vorhangs, von Wien nach »Gratislava«, Reste von Regime und Revolution und überschminkte Slawinnen zu schauen.

Von dem Ort, an dem ich heute lebe, nahm ich damals nur den trägen grauen Bahnhof wahr, die erste Station auf slowakischem Gebiet. Kein einziges Mal fielen mir die rauschenden Birken am Bahnsteig auf, so gebannt las ich in den Gesichtern der Grenzer, untersuchte ihre Züge auf Schießbefehl und Korruption, in der Physis verbliebene Dünste fensterloser Verhörzellen, auf Normalität, Perversion und Spuren von Menschlichkeit.

Der Zug fuhr planmäßig weiter in Richtung Pressburger Hauptbahnhof. Als ich mich einmal nach hinten wandte, fiel mein Blick aus der erhöhten Perspektive des Bahndamms in eine unerwartete, erstaunliche, in eine neue Welt hinein: eine Flucht frischer Wohnblöcke, entlang eines breiten Boulevards in das Grenzland gesetzt, untypisch, geradezu römisch-mediterran in der Farbgebung.

Kaum begann ich das Gesehene für real zu halten, war es dem Sichtfeld schon entschwunden.

Was sollte das sein? Eine Siedlung, fünfzehn Kilometer vor der eigentlichen Stadt – wem sollte sie dienen? Den Mammuts der Eiszeit, erwählten Werktätigen, abgeschirmten Forschern, am Ende gar Verbannten? Ich war angezogen, angeregt, verwirrt – und vergaß es.

Über jenen Boulevard, der für die Dauer eines kleinen Zeitalters in den Unterkammern meines Bewusstseins verschüttet war, gehe ich nun seit Jahren; immer wenn ich zu essen brauche; also eigentlich jeden Tag. Der Boulevard heißt Eisnerova, der Ort Devínska Nová Ves, Thebener Neudorf, Devinsko Novo Selo. Ein abgelegener Stadtteil Bratislavas, von 17.000 der 425.000 Hauptstädter bewohnt. Entlang der ost-westlich verlaufenden Eisnerova eine Arbeitervorstadt der späten Achtziger. Entlang der Nord-Süd-Achse Istrijská ein seit 500 Jahren von Burgenlandkroaten besiedeltes Dorf. In den hohen Gräsern der nach Norden ausgreifenden Záhorie-Ebene ein riesenhaftes Autowerk, gemeinsame Plattform des VW Touareg, des Porsche Cayenne und des Audi Q7.

Die schaudernde Empfindung des Exotischen haben seit dem flüchtigen Blick von damals neuere und stärkere Reize überlagert. Im Frühjahr 2006 zähle ich dazu: die über Gaststätten jeder Art sich ergießende Tonsuppe minderwertigen Express-OK-Fun-Radio-Westpops; die behelfsmäßige Selbstfindung einer verspäteten Nation in Eishockey und Reality-Shows; die mitternächtlich-verlorenen Streifzüge durch die lichten Hallen der Hypermärkte; die solide ummauerten Familienvillen, die an Devínskas Rändern hochwachsen; mein Entzücken, dass ich mir die Steuer schneller ausrechne, als der Tee zum Auskühlen braucht; der apolitische Erwerbsfleiß meiner Altersgenossen; die alles überwölbende Macht des Alltags selbst.

Die Ergriffenheit der Zeitenwende erfasst mich nicht einmal mehr vor dem letzten Stück des Eisernen Vorhangs, den paar Metern Stacheldraht, die mahnend an der March stehen. Das Regime hat die Systemgrenze mit kurzlebigem Material geschützt, der Stacheldraht ist längst ausgetauscht, ein beliebter Radweg führt daran vorbei. Auch auf der Landstraße, die der March zur Donaumündung folgt, muss ich mir den Gedanken erzwingen, dass sich die exzellente Straßenbeleuchtung dem Ausleuchten des Todesstreifens verdankt. Ich staune die Österreicher an, die ihre postsozialistischen Fährten mit einem unbeirrt auf Ostblock gepolten Kompass lesen. Ich habe ihn verloren.

Devínska liegt am Fuß der Devínska Kobyla, eines breit thronenden, dicht belaubten Berges, auf den ich morgens gelegentlich ein Stück laufe. In der Langeweile des Laufens sage ich mir vor, dass es die Karpaten sind, auf die ich mich quäle, auf den westlichen Beginn des Karpatenbogens.

Wenn ich auf der auskragenden Lichtung, von der ich einen kurzen vergewissernden Blick nach Österreich werfe, nicht immer umdrehen würde, könnte ich weiterlaufen, ostwärts durch die Kleinen Karpaten, am liebsten durch die Weinberge des Südhangs, auf das kleinste Hochgebirge der Welt hinauf, von der Tatra hinunter in die Zips, in der mir Roma-Kinder ihre Vornamen zurufen würden, hinüber zu den konfusen Ethnien der ukrainischen Karpaten, zu den hungrig picknickenden Rusinen, Ruthenen, Lemken, Huzulen; ich könnte durch die schäumende Theiß ins rumänische Maramuresch schwimmen, ehrerbietig die alten Dörfler vor ihren gewaltigen geschnitzten Toren grüßen, würde im Dauerlauf nach Transsylvanien gelangen, dem Hauptkamm bereits nach Westen folgend, schließlich aus zähneklappernd durchheulten Wolfsschluchten rennen und irgendwo, beim Eisernen Tor vielleicht, am absolut anderen Ende der Karpaten, an der Donau stehen. Das könnte ich tun. Freilich bin ich schon froh, wenn mich zwischen den Schrebergärten am Fuß der Kobyla kein Hund anfällt.

Sehen wir über die vielen kleinen und allzu kleinen nationalen Unterschiede hinweg, verschafft mir allein Devínskas architektonisches Antlitz den kostbaren Mehrwert, im frei gewählten Exil fremd zu sein. Blickt man aus dem Weltraum auf die »Twin-City« Wien–Bratislava, weist sich Wien mit seinen Ziegeldächern rot aus, Bratislava dank seiner Plattenbauten fast zur Gänze grau.

Sollte die Geschichte des Plattenbaus endlich geschrieben, sollten die in die gleichgültige Unbegrenztheit der eurasischen Ebene gepflanzten Massive erforscht und die Städte zwischen Magdeburg und Kamtschatka nach Prototypen der Behausung beschrieben werden, gebe ich zu Protokoll, dass die schönsten Plattenbauten der Welt in Devínska stehen.

Die in schmeichelnden Rotbraun- und Brauntönen, vor allem aber in sattem Ocker gehaltenen Plattenbauten sind mit wunderlicher Weisheit verputzt – die gräulichen Schlieren, welche die Witterung seit zwanzig Jahren auf die Fassaden klatscht, tun ihrer Schönheit keinen Tort an.

Ich sehe die Bauten, welche die Slowaken »Paneláky« nennen, durch die Glasfront des »polyfunktionellen« Hauses, in dem ich eingemietet bin. Ich schaue auf schmal aufragende Zwölfstöcker und einen breit liegenden Achtstöcker, auf die vielgestaltig verglasten Loggien, auf die rätselhaft divergierenden Verfugungen der Platten, und ich merke auf, wenn nachts im Panelák gegenüber die Beleuchtung des Treppenhauses anspringt. In der frühen Dämmerung des Winters nippe ich an transkarpatischem Cognac, und der im Glas schimmernde Geist aus Sonne und Frucht korrespondiert aufs Behaglichste mit den warm beleuchteten Stuben des ockerfarbenen Paneláks.

Meine Zuneigung wird nicht von allen Besuchern geteilt. »Das sind genau die Farben, die man Depressiven verordnet«, sagt meine Mutter über den Panelák meines Herzens. Eine erfahrene Staatsanwältin hat nach kurzem Blick auf meine Fensterfront festgestellt: »Hier gibst du ein exzellentes Ziel für Heckenschützen ab.«

Und hier haben diese Hexenmeister die Mitte Europas ausgerufen. Wenn mich irgendetwas zum Twin-City-Bürger macht, zum vielleicht einzigen Vertreter dieser Kopfgeburt von Spezies, dann ist das meine Lage. Ich wohne einen Kilometer von der österreichischen Grenze. Es sind 15 Kilometer in die Pressburger Altstadt und 35 zur Wiener Stadtgrenze. Ich fahre 30 Kilometer nach Ungarn, 50 in die Wiener City, 50 nach Mähren. Wenn ich für einen Moment vergesse, dass mir nach Österreich die Brücken fehlen, kann ich mich mit zugekniffenen Augen für mittig halten, auftrumpfend lokalisiert im Zentrum von Mitteleuropas Mitte.

Für so viel Mitte ist es auffällig ruhig. Nur die Alarmanlagen der Autos, die tapfer heimwerkenden Nachbarn, das Kläffen der Köter dringt in die kleinstädtische Abgeschiedenheit vor. Gelegentlich gehen die öffentlichen Lautsprecher an, ein Relikt der ČSSR, nun für kleinkrämerische Durchsagen genutzt. Die Frau spricht langsam, laut und deutlich, aber es kommt wenig mehr heraus als der blecherne Hall durch die Straßen mäandernder Vokale.

Die innercentropische Zwischenwelt, in der ich lebe, bedeutet in Wahrheit einen Rückzug aufs Land. Nur dass ich schnell wegkomme: 20 Minuten ins Pressburger Zentrum, 45 Bahnminuten zum Wiener Südbahnhof. Die Tragweite beider Unternehmungen ist annähernd gleich.

Der Bahndamm ist das Kino meiner kleinen Welt, er spielt mir die internationalen Verkehrsströme in Cinemascope. Bei Nacht höre ich, wie sich die langen, schweren Güterzüge des Wirtschaftsbooms über die Gleise quälen, langsam und stetig, dunkel und gesichtslos. Bei Tag ziehen rollende Galerien frisch geschraubter Autos an mir vorbei, die schnittige rote Lok aus Wien, der niedliche Triebwagen aus Gänserndorf, die EC-Züge aus Berlin, Prag und Budapest, schließlich der slowakische Regionalzug, der eine stumme Kundschaft in die armen Dörfer Záhories befördert, giftgrüne Waggons, die Türen in einem warnenden Orange gestrichen.

Gleich ob ich aus Wien oder Prag, durch das Marchfeld oder durch Záhorie nach Hause fahre, sehe ich schon von Weitem die Devínska Kobyla, an deren Fuß ich meine Zuflucht weiß. Den runden Kuppen der Kobyla ist der Sandberg vorgelagert, steil über der March und ein Panorama eröffnend, das die Burgruine Devín enthält, die Hainburger Berge, die Stopfenreuther Au und die Marchauen, Prinz Eugens Schloss Hof, das Marchfeld, hinter der diesigen Senke Wiens den blauen Kamm des Wienerwalds und die ansteigenden Anhöhen Mährens. »Na sandbergu«, auf dem Sandberg, liegen wir im goldgelben Sand, am Strand jenes tertiären Meeres, das die Niederungen Centropes einst gefüllt hat.

Ich liebe Devínska, dieses fremd-vertraute Haupt- und Randstädtchen, wo auf den Grabsteinen Namen wie Encingar und Pokorný stehen, wo Großmutters Hühnersuppen »fajn« schmecken, wo man einen Typen »Hajzel« ruft, wenn man ihn derb beschimpft, und »Frajer«, wenn man ihn als tollen Hecht bezeichnet. Ich liebe Devínska und möchte auch dieses Land lieben – wenn denn nur die Slowaken selbst es lieben würden.

Irgendwann wurde ich im Pressburger Zentrum einem smarten jungen Mann vorgestellt, einem aufstrebenden Mitarbeiter im Amt des damaligen Premierministers Dzurinda. Als ich ihm meinen Wohnort nannte, hielt er kurz inne und fragte dann in akzentfreiem Englisch: »Du kommst aus Wien und lebst in Devínska?«

Ich habe ihm das bestätigt. Der junge Mann besann sich noch einmal kurz und sagte dann mit derselben gewandten Höflichkeit, die er mir während des ganzen Gesprächs entgegengebracht hatte: »Entschuldige, ich wollte dich nicht beleidigen.«

Wagon Slovakia

Jeden Abend fährt ein Speisewagen von Wien nach Bratislava. Bis ich ihn entdeckt habe, sind Jahre vergangen, denn dieses rollende Kleinod ist an einen unnützen Zug gehängt. 21:50 Wien Westbahnhof, 23:30 Bratislava Hauptbahnhof: Wer bei Trost ist, meidet diese umständlichste aller Verbindungen. Es ist beinahe ein Geisterzug.

Der Speisewagen wird von einem Unternehmen betrieben, das mir seit jeher Rätsel aufgibt. In der reibungslos brummenden slowakischen Volkswirtschaft nimmt »Wagon Slovakia« die Stellung einer wunderlichen Ausnahme ein: Cola wird warm und Rotwein kalt serviert, und die ganze Energie des Personals geht in die wortreiche Verteidigung, nie in die Behebung der zahlreichen Unzulänglichkeiten. Dafür existiert in ganz Europa kein Speisewagen, der billiger wäre.

Dass Wagon Slovakia die Strecke Wien–Bratislava betreut, hat mich begeistert. Ich bin gleich drei Mal mitgefahren.

Das erste Mal geriet ich an einem untypischen Abend hinein, an einem Feiertag. Ich kaufte mir Rotwein, setzte mich in eine der halbrund gepolsterten Sitzecken und suchte das Stifterl mit der Wärme meiner Hände auf Trinktemperatur zu bringen. Ich war der einzige Gast. Der grauhaarige Koch-Kellner saß gelangweilt herum. Vor ihm lag ein Stapel demnächst überholter Fahrpläne. Die Melancholie des Abends fand ihren stärksten Ausdruck darin, dass sich der Koch-Kellner einen Fahrplan nahm, einen Papierflieger bastelte und dann doch das Pflichtgefühl wahrte, ihn nicht abzuschießen.

Das zweite Mal war mehr los. Eine Runde slowakischer Roma trank maßvoll in der Mitte des Wagens. An der gegenüberliegenden Fensterfront, auf einem der sechs Barhocker, saß ein junger oberösterreichischer Eisenbahner, der in seine Dienstwohnung unterwegs war. Versonnen lächelnd betrachtete er die fröhliche Gesellschaft. Mit der Erfahrung des Vielfahrers brachte er zwei Bier bis Bruck an der Leitha unter. Dort stieg er aus. Am Bahnhof Petržalka verschwanden auch die Roma.

Ab diesem Zeitpunkt versuchte mich der blonde Koch-Kellner diskret aus dem Waggon zu kriegen, aber ich verstand seine Signale nicht. Schließlich zeigte er mir seine kleine Schaumstoffmatratze und erklärte, dass er schon um fünf wieder aus den Federn müsse. Er musste auf dem Boden des Speisewagens schlafen. Beschämt verzog ich mich in den nächsten, vollkommen leeren Sitzwaggon.

Auf meiner dritten Fahrt hat mir Wagon Slovakia das ganze Programm gespielt. Genau dieselbe Kundschaft war versammelt, auf genau denselben Plätzen. Der Eisenbahner hatte sich schon sein erstes Gute-Nacht-Bier geholt, die Roma tranken Sekt, und wir betrachteten sie versonnen lächelnd.

Das Personal war diesmal doppelt vertreten, nur war der Grauhaarige besserer Laune, und der Kellner hatte bereits einen sitzen. Auf dem Chips-Wägelchen stand sein kleiner Kassettenrekorder, aus dem »Bódi Gusztí« dröhnte, eine rasante ungarische Roma-Combo. Der Kellner hatte das Hemd weit aufgerissen und geriet in solche Verzückung, dass er – ein Vollslowake! – den jüngsten Rom abküsste, auf die Wange, auf den Mund.

Uns hat es alle in den Sohlen gejuckt. Die Roma traten in Wien als Straßenmusikanten auf, und sie gaben mir und dem Eisenbahner ein Saftglas Sekt aus. »Das letzte Mal waren Sie ein Fremdkörper«, sagte der Eisenbahner zu mir, bevor er ins stille Bruck an der Leitha musste. Er hatte recht. Wie die Roma verließ ich in Petržalka den Speisewagen. Ich kenne jetzt den Hausbrauch.

Seither zwinge ich mich, nicht mehr mitzufahren, und rate jedem davon ab. Wagon Slovakia im Intercity 407 ist ein fixes Ensemble. Und wir – wir gehören nicht dazu.

Volkskörper

An diesem Herbstmorgen empfängt mich die freundlichste Dorfidylle, die mir in Mitteleuropa je begegnet ist. Die Sonne bricht durch die Nebelschwaden des umliegenden Berglands, ein Bächlein rauscht, zwei Hähne steigen auf geschnittenem Jungholz herum.

Spitzgiebelige Häuschen aus dem dunklen Holz vergangener Jahrhunderte stehen zwischen funktionellen Häusern jüngeren Ursprungs. Das Maß des Pittoresken ist gerade richtig. Wenn ich mir Hlboké nad Váhom übersetze, klingt der Ortsname unheimlich nach: »Das Tiefe an der Waag.«

Hungrig von der dreistündigen Anreise, trete ich in die kleine Greißler-Hütte »Potraviny Mix« und frage, wo man in Hlboké frühstücken kann. Das 900-Seelen-Dorf ist auf Touristen nicht eingerichtet, erfahre ich. Kein Café, kein Restaurant, keine Pension. Die adrette Verkäuferin greift spontan zu ihrer privaten Kaffeedose und bereitet mir einen Kaffee mit Milch und Zucker. Ich kaufe Gebäck dazu, für den Kaffee nimmt sie kein Geld. Nebenbei lernt sie eine junge Blondine aus der Nachbarschaft an, die vor almfrischer Herzlichkeit nur so sprüht. Sie haben für jede Kundschaft ein gutes Wort.

Ich wandere zum Wasserfall. Um Punkt zehn Uhr dröhnt plötzlich ein alter Schlager aus sämtlichen Lautsprechern, laut und bombastisch. Anderthalb Minuten, dann bricht das slowakische Liebesduett unvermittelt ab, und eine Frauenstimme sagt die Sonderangebote des Tages durch. Einige ältere Hausfrauen sind in ihre Vorgärten getreten, stehen mit prüfender Miene vor ihren Beeten und hören von Waschpulver und Paradeisern. Dann wieder ein halber Schlager, ruppiger Abbruch, ein Knacken, Stille.

Das Naturschauspiel von Hlboké ist im Wald versteckt. Eine glatte, graue Felswand ragt auf, der Wasserfall selbst ist vermoost und rauscht nicht allzu wild. Ich erfrische mich und spaziere vergnügt ins Dorf zurück, leicht und beschwingt, wieder in das Wochentagsidyll hinein, das ich am Morgen mit Unbehagen betreten habe.

Ich befinde mich im ethnisch reinsten Landstrich der ansonsten multinationalen Slowakei, im Nationalreservat der slowakischen Nation. Hier sind die Slowaken ganz bei sich, unter sich und auf sich gestellt. Und ich bin hergekommen, das Wesen der Bestialität zu verstehen. Der Bestialität, dargestellt von Ján O. und Ján S., dem Menschenfresser und dem Ungarnhasser.

Ján O. ist ein junger Mann aus Hlboké, ein geschickter Tischler, der zum Arbeiten nach England ging. In einer heißen Sommernacht streifte Ján O.

durch ein Dorf bei Hereford und stieg in ein Haus ein. Von dem Geräusch aufgeschreckt, eilte der 75-jährige Hausherr nach unten und wurde von dem jungen Slowaken angefallen. Blindwütig rasend, biss Ján O. dem Pensionisten einen Finger ab und aß ihn. Auch als der alte Mann bewusstlos wurde, ließ Ján O. nicht von ihm ab und riss beißend Wange und Brustwarze aus dem Körper heraus. Die Polizei musste den Täter von seinem Opfer lösen, der Engländer überlebte schwer verletzt. Einer der Polizisten gab zu Protokoll, Ján O. habe während der Bluttat wie ein Maniac gelacht.

Ján S. ist der langjährige Parteichef der Slowakischen Nationalpartei, die 2006 Juniorpartner in der slowakischen Regierung wurde. Von Bier und Cognac angestachelt, zieht Ján S. gegen Roma, Schwule und Frauen vom Leder, am liebsten aber gegen die ungarische Minderheit, deren Vertreter er mindestens als »Lumpy« und »Gauneri« beschimpft.

Die Nationalisten – auch »Národniari«, »Völkische«, genannt – haben ihre traditionelle Hochburg im slowakischen Nationalreservat. 2006 stimmten landesweit zwölf Prozent für den Mann, der einmal mit der Einebnung Budapests gedroht hat; in den Bezirken an der oberen Waag waren es um die 25 Prozent. Mit zwei weiteren Dörfern hält Hlboké den einsamen Rekord: 38,82 Prozent.

Auch wenn ich erst durch ihn auf Hlboké gestoßen bin, frage ich nicht nach dem Kannibalen.

Ich suche nicht sein Elternhaus, das in allen slowakischen Zeitungen abgebildet war, und frage nicht die 26-Jährigen, was für ein Gefühl es ist, mit einem Menschenfresser die Schulbank gedrückt zu haben. Ich will nicht wissen, wie der eine tickt, der ausgerastet ist. Ich will wissen, wie das Dorf tickt.

Also höre ich mir die Leute an: Die abgewanderten Jungen versorgen ihre Eltern mit. Die mittlere Generation hat zwar Arbeit, kann aber kaum von ihr leben. Die Verkäuferin, jung verwitwet, macht 180 Euro, auf der Autobahn-Baustelle bekommt ein Arbeiter 230. Der Bürgermeister ist ein Národniar und mit den gleich gesinnten Eliten der Region vernetzt. Sein Amt nennen sie »Richtar«, und so richtig an Glanz gewann der gelernte Installateur 1998. Da setzte er in einem Referendum die Abspaltung von Bytča durch, der nahen Kleinstadt, in die Hlboké einst eingemeindet worden war. Der Richtar habe sein Ferienhaus mit Gemeindegeldern finanziert, tuschelt man. Drei Dinge hält ihm jedermann zugute: die Wasserleitung, die Gasleitung und das Kabelnetz.

Ich weiß, ich muss sie endlich nach den 38,82 Prozent fragen. So sympathisch sie mir sind, ich kann es ihnen nicht ersparen. Vom Wasserfall erquickt, fühle ich mich stark genug. Meine Laune ist so prächtig, auch ein Fausthieb könnte sie mir nicht vermiesen.

Ich überlege mir Fragetechniken und wähle den

Holzhammer. Vor dem Potraviny Mix steht eine einzige Holzbank, auf der zwei raue Typen mittleren Alters sitzen, die Hand am Bier und die Klamotten dreckig. Ich trete vor sie hin, schaue sie an und warte, bis sie ihr Gespräch unterbrechen. Ich komme ohne Umschweife zum Punkt: »Warum wählen hier so viele die SNS?«

Die anschließende Pause kommt mir lang vor. »Wir sind Slowaken«, sagt schließlich der Eine und stiert dabei missmutig auf sein Bier. Er murmelt ein paar unverständliche Dinge, die ich für Verwünschungen halte, und beschließt das Thema: »Lassen wir die Politik!« Dann verschwindet er.

Der andere ist von mir angetan, und bevor er hinter den Potraviny Mix pinkeln geht, ersucht er mich höflich, nicht wegzulaufen. Jožko hat Zeit, er arbeitet an der Autobahn, diese Woche hat er keinen Turnus. Ich setze mich, und wir reden, mit Blick auf das Rathaus und die elliptisch asphaltierte Buskehre davor.

Es stellt sich heraus, dass Jožko alles bereithält, was ich in Hlboké nicht erwartet hätte: Er verachtet die Národniari und liebt die Ungarn der Slowakei. Dabei teilt er die Menschheit in zwei Gruppen: Wen er schätzt, den nennt er beim Vornamen, und wen er kritisiert, den nennt er einen »Schwanz«. Dem Bürgermeister sagt er immer: »Dušan, du bist ein Schwanz!«

Um der »ganzen Bande« eins auszuwischen,

wählt Jožko die Ungarnpartei, und wenn deren Chef im Fernsehen auftritt, fiebert er mit: »Bela ist ein solider Kerl.« Er spricht den ungarischen Vornamen mit einer zärtlichen Vertrautheit aus, als hätte er mit »Bela« gerade noch zwölf Stunden auf der Baustelle geschuftet.

Weitere Dörfler kommen herbei, so die Frau des einzigen ethnischen Ungarn, den es nach Hlboké verschlagen hat. Ihr Mann kann nicht mehr arbeiten, klagt sie, ihm droht eine Amputation des Beins. Sie schimpft auf das Sozialsystem und hat auch einen Schuldigen ausgemacht: Brüssel. »Was hat uns die EU gebracht!«, ruft sie – und beweist damit europäische Normalität.

Derweil sind Jožko seine umstürzlerischen Reden umso lustvoller, lästerlicher, verschwanzter geraten, je mehr Flaschen »Popper«-Bier er mir abgeschnorrt hat. Ich wäre gern noch länger geblieben, doch dann stand ein Bus vor dem Potraviny Mix bereit. Und bevor ein Schatten auf das oppositionelle Idyll fallen konnte, fuhr ich lieber heim.

Monaco der Zapfsäulen

An den Nachtfahrten nach Prag war eins immer schön: Kurz nach Brünn taucht der Zug in ein enges Flusstal, es wird finster, und Felswände ragen in nächster Nähe auf. Plötzlich verrenkt man den Kopf, hoch oben erscheinen Lichter, beleuchtete Fenster, auf dem Berg thronende Wohnblöcke – die Lichter einer Stadt, die man sich imposant und himmelstürmend denkt. Kurz darauf wieder dunkle Schlucht.

Einmal wollte ich dieses Gespenst einer Stadt bei Tag gesehen haben, und so fuhr ich auf ein Mittagsmenü nach Adamov.

Zwei Dinge fand ich bereits vor der Abfahrt heraus: Erstens werden in dem südmährischen Industriestädtchen Zapfsäulen hergestellt, aus denen halb Europa tankt. Und zweitens wird der Menüplan eines lokalen Restaurants ins Internet gestellt. So hatte sich bereits im Vorhinein abgezeichnet, dass ich im massiven mittelgrauen Hotelriegel Pod Horkou eine Knoblauchsuppe und ein Rindsgulasch für 56 tschechische Kronen essen würde.

Sehr viel mehr wusste ich auch nach meiner Rückkehr nicht. Die Leistung dieses Ausflugs bestand vornehmlich darin, dass ich einem Tschechen beim Biertrinken zusah.

Steil unterhalb des mährischen Karsts gelegen, muss Adamov – darin Monaco ähnlich – mit extrem wenig Platz auskommen. Das Flussbett der Svitava weitet sich nur geringfügig, die Produktion von »Adamov Systems« besetzt den Großteil des Tals, die Stadt selbst quält sich den Steilhang hinauf. Manchmal dringt ein metallener Schall aus den Fabrikshallen herauf.

Die Gemeinde nennt den Mangel an Parkplätzen ihr größtes Problem, doch als ich vom Bahnhof zu den grauen Wohnblöcken hinaufstieg, sah ich verblüffend wenige Autos geparkt. Kommen die Werktätigen der Zapfsäulenstadt gar nicht in die Verlegenheit zu tanken? Haben sie keine Autos?

Im Restaurant wurden zügig Mittagsmenüs ausgegeben, meist an kleinere Gruppen von Männern, die schnell wieder verschwanden. Nur ein Mann unbestimmbaren Alters saß allein in der Mitte des Saales und trank Bier. Eine Sportübertragung lief ohne Ton, darüber die Popmusik eines Radiosenders.

Wie auch die anderen Gäste war der Mann nicht schön. Sein aschblondes, gewelltes und gespaltenes Haar trug er lang, und er hatte einen neuen blauen Jeansanzug an. Seine Augen lagen eng aneinander, sein Mund aber war breit, und da die kleinen Augen leblos wirkten, bestimmten die Mundwinkel den Gesichtsausdruck.

Auf seiner Nase saß eine runde Brille, die er

oftmals zurechtrückte, obwohl das spitze, schmale Näschen dafür nicht den geringsten Spielraum bot. Einmal sagte er der Kellnerin etwas Nettes und lachte breit. Ansonsten sprach er mit niemandem, blickte meist auf sein Bier, gelegentlich auf die Sportübertragung.

Sein Kinn war weit zurückgesetzt, und seine Unterlippe sprang weit vor. Fast unmerklich sprach der Mann vor sich hin, aber die lautlos angedeutete Rede schien nicht von ihm selbst auszugehen. Er sprach, als zöge gegen seinen Willen die Schwerkraft an ihm, als öffnete die Unterlippe mit ihrem Gewicht den Mund.

Nachdem ich mein Mittagsmenü beendet hatte, wollte ich noch sehen, wo Adamov endet. Ich wanderte über die Fußgängerstiegen hinauf und sah, oben angelangt, in den waldig-gebirgigen Karst hinein. Etwa auf der Höhe des Kamms, oberhalb der höchstgelegenen Wohnblöcke, fand ich lange Reihen geduckter Garagen. Hierher lagern sie also ihre Autos aus, begriff ich plötzlich. Das System Adamov: Wenn sie zur Arbeit müssen, gehen sie ins Tal hinunter, in die Fabrik. Und wenn sie aus Adamov weg wollen, gehen sie den Berg hinauf, zur Garage. Gehen müssen sie immer.

Mit dem Dreschflegel

Der Hinweis kam von einem gut informierten Freund. Die führenden Positionen des slowakischen Geisteslebens, sagte er mir, seien von Hussiten besetzt. Er zählte einige Namen auf, klingende Namen. Der Mund stand mir offen.

Hussiten? Ein leiser Schauder durchrieselte mich. Wie konnte die zeitgenössische Slowakei unter solchen Einfluss geraten sein? Unter bekennende Wiedergänger des brandschatzenden, religiös und national erregten Mobs, der mein Niederösterreich vor 600 Jahren mit Dreschflegeln heimgesucht hat?

Ich ging in die Sonntagsmesse dieser Leute. Ich fand eine moderne Kirche in einer Seitengasse der Pressburger Altstadt, im großräumig erweiterten Kellergeschoß eines gewöhnlichen Altbaus. Zu ebener Erd lag nur der Empfangsraum, eine von allen genutzte Garderobe. In der Eingangstür stand ein hagerer junger Mann in einem schwarzen Anzug und streckte jedem die Hand entgegen: »Ciao, ich bin der Josef.«

Josef war ein »Prediger« dieser Kirche, die keine Pfarrer kennt. Er hatte mir schon Tage zuvor gemailt, dass die Verbindung seiner »Cirkev Bratská« zur hussitischen Bewegung bereits im 15. Jahrhundert abgerissen sei, da sich ihr Gründervater, Bruder Rehoř, dem Schwert verweigert habe. Schön und gut, hatte ich mir gedacht. Ob es sich wirklich um Soft-Hussiten handelt, das schaue ich mir lieber an.

Obwohl der charismatische Star der »Brüderlichen Kirche« an jenem Sonntag in der Provinz gepredigt hat, war die Kirche voll. Vor mir entfaltete sich ein perfekt einstudiertes Programm, vorgetragen von adrett gekleideten Laien der gehobenen Mittelschicht. Sie gewannen Vertrauen, indem sie mit »Großer Gott, wir loben dich« begannen. Es folgten tschechische und englische Gospels, Lesungen auf Slowakisch, englischsprachige Besucher wurden per Kopfhörer aus Dolmetscherkojen betreut.

Einer sagte, dass die »Cirkev Bratská« jede Art von christlicher Taufe anerkennt. Im Zentrum stand Josefs Predigt, die er auf Tschechisch hielt. Er sprach über die Heiligkeit des Sonntags, wohl strukturiert, gründlich vorbereitet, gelegentlich mit mildem Humor.

Das Publikum musste sich kaum beteiligen. Es gab keine Kommunion, was der aus Katholiken, Protestanten und Suchenden zusammengesetzten Gemeinschaft zumindest eine Frage erspart hat. Die meisten verfolgten den Gottesdienst wie einen Vortrag. Einige falteten die Hände, manche schlugen die Beine übereinander, das Mädchen vor mir legte den Kopf auf die Schulter ihres rastagelockten Freundes.

Hussitischer wurde es nicht mehr. Ich wohnte einer gepflegten Versammlung von Menschen bei, unter denen viele – den Zweitwagen in Aussicht – ihre Zweitkirche gefunden hatten. Durchaus nicht unangenehm berührt, verließ ich die Kirche, die ihre Anhängerschaft in wenigen Jahren auf 10.000 vervielfacht hat. Am Ausgang der Garderobe schüttelte mir der Prediger wieder die Hand: »Ciao, ich bin der Josef.«

Und dann fand ich sie doch noch, die wahren Hussiten, am Sonntag darauf. Es waren ganz wenige, in einer verborgenen Kapelle der Pressburger Altstadt, Gläubige der »Církev československá husitská«, die sich dem Namen nach sowohl zu Hus als auch zur Tschechoslowakei bekennen. Auffällig viele Männer saßen in den Stuhlreihen. Strenge alte Herren, aufrecht sitzend, in graue Anzüge gezwängt, ausdruckslos dem tschechisch sprechenden Priester lauschend. Ich stand in der Tür, die einzige Jungmutter bot mir lächelnd den Platz neben ihren Kindern an. Ich aber kostete meinen Hussitenschauder aus, und bevor er abzuklingen begann, ging ich weg.

Der Förster von Stopfenreuth

Ein Freund ist in die Hainburger Au gezogen. Nicht dass ihn der Gründungsmythos der österreichischen Grünbewegung hineingetrieben hätte, er will nur etwas Weltflucht kosten.

Nun ist ein Nationalpark nicht zum Wohnen da. Eine Immobilie kann jedoch gemietet werden: ein ehemaliges Jagdhaus, abgelegen und einfach, mit Hausbrunnen und ohne Stromanschluss. Hinter dem fahlroten Klinkerbau steht eine Baracke für Plumpsklo und Aggregat, als Dusche dient ein im Garten hängendes Plastikfass.

Mein Freund hat seine herrliche himmelblaue Espressomaschine im Jagdhaus aufgebaut. Er erreichte, dass ich den Cappuccino, den er mir im Dröhnen des Aggregats bereitet hat, im Zwitschern der Vögel schlürfen konnte. Das Leben mit einem Aggregat erfordert vorausschauendes Denken. Man versucht, die strombedürftigen Verrichtungen auf einen kurzen Zeitraum zu konzentrieren. Man versucht auch, nichts im Auto zu vergessen, denn der nächste erlaubte Parkplatz liegt anderthalb Kilometer entfernt.

25 Mal pro Kalenderjahr ist mein Freund berechtigt, mit seinem Auto direkt zum Haus zu fahren. Er hat darüber ein Fahrtenbuch zu führen, das vom Förster des Nationalparks kontrolliert wird.

Nur wenn mein Freund die Angelrute geschultert hat, darf er mit dem Fahrrad fahren; schieben darf er es jederzeit. Für Besucher gelten weniger großzügige Bestimmungen.

Das Haus, in dem mein gestresster Freund den Rückzug lebt, liegt am Rand einer Schneise, die sich schnurgerade durch den Auwald zieht. Die Schneise wird von zwei parallel laufenden Dämmen durchzogen, deren Form wie mit der Wasserwaage nivelliert erscheint. Auf einem der Dämme verläuft ein Radweg, der an schönen Tagen im Kolonnenverkehr befahren wird. Obwohl die Schneise mal von Stufen, mal von einer Auffahrt, mal von einer kreuzenden Hochspannungsleitung unterbrochen wird, wirkt sie ungegliedert, linear, endlos. Die am Fuß des Raddamms verlaufende Schotterstraße ist so vorbildlich eben, als hätte ein gestrenges Auge sämtliche Steine ausgesondert, die nicht klein, nicht grau, nicht würdig genug gewesen wären.

Ich habe meinen Freund im Sommer besucht, und wir haben gegrillt. Das Leben in der Au gefällt ihm, hat er gesagt, und tatsächlich hat der Vielbeschäftigte in einigen Momenten gelöst gewirkt. Ich verabschiedete mich am frühen Abend und wanderte allein zum Stopfenreuther Parkplatz. Anstatt die Schotterstraße zu nehmen, ging ich auf dem Raddamm, auf den die letzten Sonnenstrahlen fielen. Die letzten Radfahrer waren bereits verschwunden.

Es dauerte nicht lange, da spürte ich den Blick des Försters in meinem Rücken brennen. Er fuhr in seinem grünen Golf Patrouille, mit Schrittgeschwindigkeit und heruntergekurbeltem Fenster. Der Förster drehte den Kopf nach mir und musterte mich mit zweifelndem Gesichtsausdruck. Ich muss gerade etwas Verräterisches gedacht haben. Etwas in der Art: »Wie monoton, wie steril, wie sauschiach diese Au nicht ist! Und dafür der ganze Volksaufstand?«

Anderswo hat man mir erzählt, dass das Strichlisten-Regime niemanden so langweilt wie die Förster selbst. Die Jagd ist ihnen untersagt, und die vielen Verbotsschilder erfüllen meist ihren Zweck. An langen Tagen bereiten sich die Förster einen gewissen Kitzel, indem sie sich in den Tiefen des Auwalds auf die Lauer legen. In stundenlanger Starre lauern sie unbefugten Gärtnern auf, die im Schutz des Nationalparks Hanf anbauen. Der Jagdinstinkt, er lebt.

Was ein Ungar ist

Wenn es dunkel ist, sitzen die Paare am Fluss. Von wo auch immer sie gekommen sind, sitzen sie in der Finsternis, auf der Uferbrüstung und in unbeleuchteten Autos. Meistens schweigen sie. Sie schauen auf Esztergom, ans andere Ufer, auf den Ursprung des ungarischen Katholizismus, auf die goldgelb erstrahlende und steil über der Donau thronende Mutterkirche der ungarischen Nation.

Um Punkt Mitternacht geht die Beleuchtung des Burgfelsens aus, nur die Kathedrale selbst bleibt im Licht. Die Paare verschwinden, vielleicht nach drüben, ins reich aufgezierte Esztergom, vielleicht bleiben sie in Štúrovo, am ebenen slowakischen Ufer.

Esztergom, 30.000 Einwohner, ist eine ungewöhnlich schöne Bürgerstadt, und wer der Wahrheit eine Gasse bahnt, muss Štúrovo, 11.000 Einwohner, ihre kleine, verschmähte, flachbrüstige Schwester nennen.

Der Vergleich ist hart, denn Esztergom erscheint in jeder Kategorie edler. Das neue Pflaster auf dem Hauptplatz zeugt von Geschmack, die hineingepflanzten Bäumchen sind auf südländisch schattenspendende Weise aufgebunden. In der Fußgängerzone von Štúrovo stehen hagere Baumgespenster, an denen einige wenige Blätter hängen. Mehr Eisen als Gewächs, sind diese klagenden Sparpflanzen von massiven schwarzen Eisengittern gerahmt. Die neue Pflasterung bezahlte die EU; von den abstoßendsten Modellen wählte Štúrovo jeweils etliche Laufmeter.

Zwischen den beiden Stadtzentren liegt nur die Donau, keine 500 Meter breit, und zwischen 1944 und 2001 gab es keine Brücke. Seit die »Maria-Valeria« den Strom wieder überspannt, ist der Austausch wieder rege.

Nach den Nummerntafeln zu urteilen, kommen viele Ungarn nach Štúrovo. Was immer ein Ungar ist – in Štúrovo selbst rechnen sich 69 Prozent zur ungarischen Minderheit der Slowakei. Sie nennen das Städtchen »Párkány«, abgeleitet vom türkischen »Cigerdelen Parkani«. Was angeblich bedeutet: »Festung, die sich in die Eingeweide des Feindes bohrt.«

In Štúrovo gibt es viel zu schauen. Aus den Freibecken des überlaufenen Thermalbads schaut man auf Esztergoms Kuppel, als wäre sie Štúrovos Gotteshaus. Vom Schiffsrestaurant »Popeye«, das man über einen von Topfpflanzen gesäumten Steg betritt, schaut man auf die Donau, die sich in die viertletzte Biegung vor Budapest legt.

Es ist ein Schauen von billigen Plätzen aus. So hoffnungslos, wie Štúrovo sein Äußeres pflegt, so billig verkauft es seine Dienste. Da sitzt ein Ungar bei seinem slowakischen Sonntagseis und erfreut sich mit seinen Lieben am Preis. Er schaut auf sein Auto, das er unweit vom Eissalon abgestellt hat – ein slowakischer Polizist pappt einen Strafzettel drauf. »Leise!«, bedeutet der Ungar seinen Lieben ohne Worte und schaut unauffällig in die Luft. »Dass uns die Slowaken nicht erkennen!«

Was immer ein Slowake ist – auch darauf ist zum Ärger des ungarischen Finanzamts nicht mehr Verlass. Es ist nämlich komplex geworden. Der ungarische Staat hebt eine Auto-Registrierungs-Steuer ein, die für große Autos 8000 Euro beträgt; der slowakische Staat kennt solche Steuern nicht. Daraus ist eine kleine, feine Branche entstanden, spezialisierte Agenturen, die Staatsbürger Ungarns mit slowakischen Kennzeichen versorgen. Ihr Slogan: »Slowakische Nummerntafel, Million gespart!«

Autofahrer aufgepasst: Da draußen fahren 10.000 Autos, auf denen steht Slowakei drauf, und Ungarn sitzen drin. Man gewähre ihnen die Vorfahrt, die einer Avantgarde gebührt.

Roma Road Show

An einem Samstag habe ich gelernt, wie Souveränität aussieht, die Souveränität eines Mannes. Ich war zur »Roma Road Show« nach Kertváros gereist, in einen ärmlichen Vorort des herausgeputzten Stadtjuwels Esztergom. Erwartet wurde Bódi Gusztí, der geliebte Star des ungarischen Roma-Pops, mit seiner rasanten Combo.

Die lange, flache Dorfwiese war mit Absperrbändern gesichert, wie auch das Wiesenstück direkt vor der Bühne, und ein Dutzend weißer ungarischer Männer, auf deren blauen Uniformen »Security« stand, bewachten finster konzentriert die Zufahrt und die Bühne, auf der hinreißend begabte Roma-Kids das Vorprogramm tanzten.

An diesem frühen Samstagabend fand das Auge des Fremden alles, was es vom Volk der Roma kennt: eine rauchende Großmutter, einen schwangeren Teenager. An den Verkaufsständen wurden gekühlte Getränke und zähe, in Plastik verschweißte Schnitzelsemmeln verkauft. Die meisten tranken Dosenbier, doch stach mir keinerlei Exzess ins Auge. Verglichen mit einem niederösterreichischen Zeltfest lebten die paar Hundert Roma, die sich vor der Bühne versammelt hatten, ein Muster gutbürgerlicher Manieren vor. Zu ihnen gesellten sich nur wenige Weiße – Betrunkene, Tätowierte, unglücklich Blondierte, nicht gerade eine Auslese der ungarischen Elite.

Lange Zeit gab es kein Programm, und dann kam Bódi. Er fuhr in einem Konvoi schwarzer Limousinen vor, begleitet von seiner Kapelle und seinem Clan. Dem schwarzen Mercedes mit den schwarz getönten Scheiben entstieg er selbst. »Bódi, Bódi!«, rief die Menge hinter dem Absperrband. Bódi winkte zwei, drei Mal und stand danach eine Stunde bei den Autos rum.

Er war ein unauffälliger Typ, trug eine schlichte schwarze Hose und ein schwarz-weiß gemustertes T-Shirt am maßvoll dicklichen Leib. Für eine Zeitlang verschwand er hinter dem VIP-Paravent, einem in die Wiese gepflanzten Oktogon aus grüner Plane. Die meiste Zeit ließ er sich auf die Schulter schlagen, von einem Herrn, der offenbar der Platzhirsch der örtlichen Roma war. Dieser selbstbewusste Herr war mittleren Alters, ein weißes Leinenhemd hing ihm über den Ehrfurcht gebietenden Bauch, rohrdicke Goldketten rahmten seinen Hals, und die riesigen kantigen Goldringe auf seinen Händen konnten Bullen töten.

Weitab vom Geschehen, auf einem unbevölkerten Stück der Wiese, sah ich einen wahrhaftigen Zigeunerbaron. Er hielt mit seiner Sippe auf weißen historischen Gartenstühlen Hof, unmittelbar vor den Dixi-Klos. Er trug einen breitkrempigen weißen Strohhut. Einmal stand er auf und streckte seinen Bauch gähnend himmelwärts. Zu diesem Zeitpunkt stand Bódi schon auf der Bühne. Der Zigeunerbaron setzte sich wieder hin und hatte den Seinen gezeigt, dass ihn nichts weniger als dieser Bódi interessiert.

Nun ja, Bódis Show war mau. Er sang das hymnische Duett, das auf seiner Homepage erklingt, hopste zu zwei, drei Liedern herum, stimmte neuerlich jenes Duett an und ging ab. Das Konzert kostete keinen Eintritt, Kassetten und Fanartikel wurden nicht verkauft. Es war das Schauspiel eines Überflusses, der seine Quelle verbirgt. Als die Fans zu Bódi stürmten, der bereits am Steuer seiner Limousine saß, erwies sich, dass auch die Security nur angeheuert war, um im einzig heiklen Moment zu weichen. Aus dem heruntergekurbelten Fenster den Jubel empfangend, rollte Bódi vom Feld.

Das war der Moment, in dem die Souveränität des Zigeunerbarons litt. Langsam sammelte er sein Gefolge, ließ die Gartenstühle auf die offene Ladefläche eines Kleinlasters verladen und füllte bedächtig seinen Mercedes-Familien-Van. Das war immer noch mehr an Würde, als ein weißer Mann für möglich hält.

Kittsee geheim

Kittsee hat ein kleines, schmutziges Geheimnis. Die Kittseer können nichts dafür, denn sie wissen nichts davon. Ich habe den Bürgermeister danach gefragt, aber nicht einmal er hat davon gehört.

Kittsee ist ein Grenzdorf, das die ganze Bitterkeit des Eisernen Vorhangs erfahren hat. Inzwischen ist die Grenze offen, ohne zu halten rauschen die Kraftfahrzeuge auf der frischen Autobahn Wien–Bratislava vorbei. Als wäre es nie anders gewesen, als hätte Österreich diese Verbindung nicht ein Jahrzehnt lang hinausgezögert. Schon vergessen.

Als ich im November 2006 in Kittsee war, sah ich noch überall das Bundesheer im Assistenzeinsatz die Schengengrenze hüten. Ich sah einen feschen Tiroler Präsenzdiener im Burgenländischen stehen, sonntags im glas-grau-neuen Kittseer Bahnhof. »Woasch wieder zua geschtern?«, fragte er lässig ins Handy, während er sich einen Fahrschein aus dem Automaten holte. Die Antwort stellte ihn zufrieden: »Geil, passt!«

Kittsee hat einiges zu bieten. Es gibt 20.000 Marillenbäume, ein eigenes Krankenhaus und einen Ortsteil namens Chikago, 1. bis 7. Gasse. Chikago erinnert an die Ausgewanderten, ist aber so einfamilienhäuslich wie ganz Kittsee. Im örtlichen

Schloss sitzt ein »Ethnographisches Museum« mit huzulischen Hackenstöcken und Schönhengster Klotzbeuten. Manches Objekt wird so beschrieben: »Ein Kurzhemd und eine Schürze demonstrieren das Zierbedürfnis der russischen Frau im textilen Bereich.«

Kittsees wahre Attraktion ist seine Lage. Nirgendwo sonst sind sich die österreichische Provinz und die slowakische Großstadt so nahe, das luftige Dorf und das angeblich größte geschlossene Plattenbaumassiv Europas; Petržalka, mit 125.000 Einwohnern der größte Stadtteil Bratislavas. Zwischen den ungleichen Siedlungen liegen gerade einmal zwei, drei Kilometer flaches Agrarland. Ein paar Reihen Marillenbäume, kein Stacheldraht und kein Fluss.

Nirgendwo sonst erscheint es so logisch, dass der slowakische Stadtmoloch ins österreichische Grenzland wuchert. »Vor hundert Jahren war das zusammen«, sagt der Bürgermeister, »das wird sicher alles wieder zusammenwachsen.« Da der Grund in Kittsee billiger ist als in Bratislava, haben sich die ersten slowakischen Familien eingekauft. Die Dutzenden slowakischen Kinder, die jeden Schultag nach Kittsee einpendeln, stellen mittlerweile den Erhalt der Hauptschule sicher.

Die da kommen, sind ehrgeizig, wohlhabend und sprechen gepflegtes Deutsch. Kittsee hat kein Problem mit ihnen und würde sie auch nicht mehr

»Schlowacken« rufen. Historisch betrachtet mussten die Kittseer erst einmal selber Deutsch lernen. Viele waren Burgenlandkroaten, wie im benachbarten Dorf Jarovce, das heute so einheitlich slowakisch spricht wie Kittsee deutsch. Die meisten Familienbande sind im Kalten Krieg abgerissen.

Da Kittsee unter die ungarische Krone fiel, hieß es Köpcsény und war der Magyarisierung ausgesetzt. Es zeigt sich, die Kittseer haben es kompliziert genug. Nur so lässt sich erklären, dass sie einen Teil ihrer Gemeinde ganz einfach vergessen haben. Dabei hat Kittsees vergessener Winkel seinen Namen behalten: Kopčany.

Was Kittsee nach dem Ersten Weltkrieg abgezwackt wurde, ist heute das schlechteste Viertel Bratislavas. Ich war dort und sah sechs Sozial-Wohnblöcke am Ende von Petržalka, durch Firmenhallen und Verkehrsschneisen separiert. In den Häusern wohnen viele Roma, und die Weißen gehen mit großen, verlausten Hunden außer Haus. Wenn ein Pressburger Kopčany sagt, meint er Elend, Müll und Verwahrlosung. Das habe ich dem Bürgermeister von Kittsee aber nicht gesagt.

Das letzte Schiff

Einmal bin ich mit dem Schiff gefahren. Mit dem schnittigen Katamaran, der seit Sommer 2006 zwischen dem Wiener und dem Pressburger Zentrum verkehrt. Auf dem Twin-City-Liner bekommt man alles mit, was an der Twin-City schön ist: die berückende Nähe der beiden Hauptstädte, den Zauber der Flusslandschaft und das Potenzial dieser Beziehung. Was an der Twin-City traurig ist, auch.

Wenn irgendetwas den Twin-City-Gedanken in die Köpfe gepflanzt hat, dann war es dieses Schiff. Die Firma »Central Danube«, hinter der die Wien-Holding steht, hat einen aufwändigen Werbefeldzug geführt. Dieser hat so sehr verfangen, dass man mich seither immer wieder fragt, ob ich mit dem Schiff nach Wien fahre. Nein, antworte ich geduldig, der Twin-City-Liner ist für Touristen. Die Bahn fährt stündlich, bis tief in die Nacht, doppelt so schnell und sehr viel billiger.

Einmal habe ich das Schiff genommen, an einem Sonntag im Spätherbst. Außer mir sind mitgefahren: viele Kleingruppen aus den Bundesländern, etliche Frauenrunden um die vierzig, eine vergnügte Rollstuhlfahrerin, junge Oberösterreicherinnen mit indischen Accessoires, unauffällige Paare, unauffällige Herren und ein weißhaariger britischer Gentleman, der mit Landkarte und hellwachem Blick Notizen niederschrieb.

Es war das erste Schiff des Tages, und die Ersten an Bord waren die Kärntner, eine junge Partie mit Grazer Beteiligung, laut und lustig. Die Hübscheste schlief kurz nach der Abfahrt ein, und für den munteren Rest übernahm ein Wortführer die Reiseleitung. Auf der Höhe von Hainburg rief er: »Warum ist da kein Kraftwerk?« Alle haben gelacht. Keiner hat gelacht, als er an der Marchmündung erklärte: »Da geht die tschechische Donau auffi.«

Drinnen ist es wie im Flugzeug, nur geräumiger, ohne Kotztüten und Gurte. Die auf das offene Deck hinausgingen, stemmten sich gegen den Wind und schauten auf die wild sprudelnde Spur des Katamarans. Dort draußen lächeln einander Unbekannte an.

Der Twin-City-Liner war halbwegs gefüllt, aber Twin-City-Bürger waren kaum dabei. Es fuhren ganz wenige Wiener mit und niemand aus Bratislava, kein einziger Slowake. Nur das Personal war slowakisch, etwa die schönen Hostessen, die den Kärntnern slowakisches Bier der Marke »Goldfasan« verkauften, in grünen Dosen und in rauen Mengen.

Als das Schiff den Betrieb aufnahm, wurden die Fahrpreise von der slowakischen Presse lebhaft diskutiert. Die Pressburger und Wiener Einkommen standen im Verhältnis 1:3 und nähern sich allenfalls dem Verhältnis 1:2. Um einen Austausch zwischen den beiden Städten überhaupt erst zu ermöglichen, verlangen Bahn und Bus auf der slowakischen Seite einen niedrigeren Preis. Auf derartige Vorschläge antwortete die Wien-Holding mit Beton.

Und so fuhr das erste Schiff des Tages an Wochentagen beinahe leer vom Pressburger Kai ab. Vor dem Ende der ersten Saison ließ sich der Betreiber eine Aktion einfallen: Er verkaufte auf der Pressburger Seite ein vergünstigtes Ticket, unter der Bedingung, dass sich der begünstigte Slowake mit dem Blaguss-Bus zurückkarren lässt. Die Aktion hat nicht mehr gezogen. Die Wien-Holding war auch ohne slowakische Passagiere zufrieden: Das Schiff hat bereits vor Ende der ersten Saison 700.000 Euro Gewinn gemacht.

Meine Schiffsreise war schön, nach hundert Minuten liefen wir am Wiener Schwedenplatz ein. Die Kärntner weckten ihre schlafende Elfe. Und der britische Gentleman räumte seinen Stapel slowakischer Immobilien-Prospekte weg. Er setzte seine Lesebrille ab und legte sie in das Etui, das ihm seine Gattin hinhielt. Auch er war zufrieden.

Sieben Versuche über Wilsonovo

1

Ein Porträt von Bratislava zu schreiben, nichts würde mich weniger freuen. Dabei habe ich nichts gegen die Stadt. Sie steht in meinem Personalausweis. Aber etwas in mir rebelliert.

Warum ich Bratislava nicht porträtieren mag, kann ich anhand eines winzigen Vorfalls illustrieren. Ein Jahr, nachdem ich nach Devínska gezogen war, wurde mir in Graz ein Preis verliehen. Es war ein schöner Preis, im Festsaal drängten sich die vorzüglichsten Persönlichkeiten, und man bat mich in aller Form auf die Bühne. Mit den Worten: »Martin Leidenfrost aus Bratislava.«

Nein, es hat mir keinen Stich gegeben. Ich würde es als ein unbestimmtes Unbehagen um die Magengegend herum beschreiben, kurz, fad und flau. Ich habe den Abend genossen, die Vorstellung »aus Bratislava« blieb der einzige Makel.

Später spielte ich in Gedanken Orte durch, an denen ich gelebt hatte. Martin Leidenfrost aus Wien, aus Berlin, aus Kiew – wäre mir alles recht gewesen. Martin Leidenfrost aus Wolfsbach, aus Aschbach, aus Seitenstetten – hätte seinen rustikalen Reiz gehabt.

Schließlich setzte ich den Namen meiner Vorstadt ein: Martin Leidenfrost aus Devínska Nová Ves – herrlich! Das kennt kein Mensch, das klingt wie der Beginn eines Gedichts, slawisch, feminin, gravitätisch. Da stellt man sich gar nichts vor, oder es reißt einem die Vorstellungskraft auf.

Aber Bratislava? Nicht groß und nicht klein, weder unbekannt noch vielbesungen, kein Osten mehr und noch kein Westen, nach Kaufkraftparität schon reich, im direkten Lohnvergleich noch arm. In jeder Hinsicht: mittel.

Ich denke, aus mir spricht nicht der Wiener Dünkel. Ich bin Niederösterreicher. Ich habe viele Gründe gehört, warum die Wiener Bratislava übergehen, bezeichnende, fadenscheinige, persönliche Gründe. Einen Grund könnte ich triftig finden: Bratislava hat kein Alleinstellungsmerkmal. Ich will es brutal ausdrücken: Es ist eine Stadt ohne Charakter.

2

Das Problem der Stadt beginnt bei ihrem Namen. Der Name der Stadt ist lang und hässlich, eine pseudohistorische Wortkreatur, vierzehn Tage als »Bratislav« angeschrieben, bis einer draufkam, dass das ein tschechisches Konstrukt für ein Gemeinwesen war, das doch slowakisch werden sollte.

Am 6. März 1919 hing man ein A an Bratislav, und dabei ist es geblieben.

Einmal rief ich öffentlich zur Rückbenennung der Stadt auf, zur Rückbenennung in »Wilsonovo«. Das Echo war ausschließlich negativ. Die charmante Direktorin des Slowakischen Kulturinstituts in Wien wies mich darauf hin, wie schön »Bratislava« klingt, wenn es mit französischem Akzent ausgesprochen wird. Sie machte es mir vor und überzeugte mich in dem Punkt. Wenn der Name von meinen Wiener Freunden ausgesprochen wird, klingt er leider nie charmant.

Ich räume ein, dass »Wilsonovo« ein Arbeitstitel war, eine Operationsklammer im Zerstückelungsprozess der Habsburgermonarchie, in jenem verwirrenden Winter des Umbruchs, als die mehrheitlich von Deutschen und Ungarn besiedelte Kleinstadt verlegen um eine Zugehörigkeit rang. Der amerikanische Präsident Wilson war bei den nach Nationalstaaten strebenden Völkern Mitteleuropas populär, wegen des von ihm propagierten »Selbstbestimmungsrechts der Völker«. Auch wenn dieses für die gemischte Stadt keine Hilfe war: Deutsche 36, Slowaken 33, Ungarn 29 Prozent.

Ich rief ausdrücklich nicht zu einer Rückbenennung in Prešporok auf, denn das multinationale Pressburg-Pozsony-Prešporok ist tot. Die Ungarn und Deutschen gingen weg oder slowakisierten sich, die Juden wurden deportiert, und die Kommunisten rissen – als sie eine vierspurige Schneise durch die Altstadt schlugen – die dortige Synagoge ab.

Unter den katholischen Marketendern, die seither regieren, fühlen sich die Investoren wohl, die österreichischen besonders. Gerne ziehen sie Bürohäuser ohne Genehmigung hoch und zahlen die Pönale aus der Portokassa. Der Magistrat reicht die Genehmigung mit Handkuss nach.

Aber ja, ich mag einige Ecken dieser Stadt. Die kleine Altstadt ist herausgeputzt, liegt im Gegensatz zu Wien an der Donau, man isst und trinkt gut. Auf dem Hviezdoslavovo-Platz, der sich als schattige Promenade vor dem alten Nationaltheater erstreckt, lässt es sich beinahe mondän flanieren. Wo die Stadt sich an die Anhöhen und Weinberge der Kleinen Karpaten schmiegt, ist sie ausgesprochen hübsch.

In der jungen Plattenbausiedlung »Dlhé diely«, die in einen Steilhang gesetzt ist, kenne ich eine Pizzeria, die einen hinreißenden Blick auf das Donauband und die Hainburger Pforte gewährt. »Dort, wo die Windräder rotieren«, sage ich meinen Gästen immer, »dort ist Österreich.« Autofahrer können Genuss dran finden, nachts durch Petržalka zu cruisen, zwischen den matt beleuchteten Gebirgsstöcken eines kompakten Massivs.

Zwei Drittel der Stadt bestehen nun einmal aus reinen Plattenbau-Quartieren, großteils in den Siebzigern und Achtzigern errichtet, großteils für Abkömmlinge der slowakischen Provinz. Aus der multinationalen Kleinstadt ist eine slowakische Großstadt geworden. Fremde, die ein Kaffeehaus oder einen Heurigen suchen, in denen sich ein Hauch Alt-Pressburger Flairs schnuppern ließe, suchen vielleicht lange. Ich zum Beispiel habe lange gesucht. Gesucht nach Orten, die es nicht gibt.

Eigentlich wollte ich erklären, warum ich zu einer Rückbenennung in Wilsonovo aufgerufen habe. Weiß ich es selbst nicht? Ich versuche es mit einer These: Der Name Wilsonovo stünde einer Stadt gut zu Gesicht, die zu spät Großstadt und zu spät Hauptstadt geworden ist, als dass sie sich auf Augenhöhe einreihen könnte in die Hierarchie europäischer Kapitalen. Was der Stadt bleibt, ist das Überspringen. Diesen Sprung unternimmt die Stadt, und dieser Sprung wird gelingen. Ich werde es beweisen.

3

Im Herbst 2006 habe ich das erste Mal meinen Bürgermeister gesehen. Das erste Mal in zweieinhalb Jahren, im Alltag, auf der Straße, in echt. Dafür, dass es sich um den Bürgermeister eines 17.000-Seelen-Stadtteils handelt, habe ich ordentlich geglotzt.

Natürlich hatte ich ihn immer auf *Devínska TV* gesehen und seine Rechenschaftsberichte im Lokalblatt gelesen, im Devex, dem »Thebener Neudörfler Express«. Ich war als fertiger Lokalpatriot zugezogen und hatte mich schnell zum heimlichen Los-von-Bratislava-Separatisten gesteigert. Aus der Ferne hatte ich immer bewundert, wie er Profit aus der kroatischen Minderheit Devínskas schlägt. Wenn ein kroatischer Staatsgast die Slowakei besucht, denkt sich mein Bürgermeister für seine maximal 91 Kroaten ein Folklore-Event aus. Das darf der kroatische Staatsgast nicht verpassen, er kommt mit seinem slowakischen Amtskollegen vorbei, und dann sonnt sich mein Bürgermeister im Glanz von Premiers und Präsidenten.

An jenem Herbsttag habe ich ihn endlich gesehen. Es hat sich gerade eine Szene abgespielt, die mir in ihrer Perfektion gespenstisch vorkam. Mein Bürgermeister, der Ingenieur Mráz, stieg aus seinem Wagen und eilte dynamisch einem Ziel entgegen. Da erblickte er ein Mädchen, das er flüchtig zu kennen schien, und sprach es im Vorbeigehen an. Es war ein hübsches Mädchen, vielleicht zehn Jahre alt, mit langen, niedlich aufgesteckten Haaren. Ingenieur Mráz lächelte, strich dem Mädchen zärtlich übers Haar und eilte weiter.

Die Szene wirkte vollkommen natürlich, aber es standen Lokalwahlen an, und Ingenieur Mráz bewarb sich zum wiederholten Mal um die Wiederwahl. Ich stand auf der anderen Straßenseite, riss den Kopf herum, spähte die Umgebung nach Kameras ab. Ich habe keine Kamera entdeckt.

Es war das erste Mal, dass ich meinen Bürgermeister im »Sídlisko« sah, in der »Siedlung«. In Devínskas Plattenbau-Teil leben zwei Drittel seiner Schäfchen, darunter ich. Ein Drittel lebt im traditionsreichen Dorf, darunter er. Es heißt, die alten Mütterchen im Dorf stellen die treuesten Regimenter des Ingenieurs. Sie strömen vollzählig zur Wahl, während die Bewohner der Plattenbauten passiv bleiben.

Einer aus dem Sídlisko hat höflich aufbegehrt, ein junger Magister, der gleichzeitig für die Opposition antrat. Er schrieb an den *Devex* und rechnete vor, dass die Gemeinde für das Dorf 16.784 Kronen pro Wähler ausgibt, für den Sídlisko aber nur 1406. So erfuhr ich, wie vernachlässigt ich war.

Ich hätte das stumm erdulden müssen, hätte mir die Slowakische Republik nicht das Wahlrecht eingeräumt, bei Regionalwahlen und bei Lokalwahlen. Die Einladung zur Wahl überraschte mich, nie zuvor hat mich Lokalpolitik so begeistert. Ich las die Wahlprogramme aller Kandidaten und Koalitionen, und weil mir das alles recht undurchsichtig schien, schrieb auch ich an den *Devex*.

Ich leitete ein, wie schön es in Devínska sei, und stellte drei Fragen, die mir am Herzen lagen. Sie lauteten: »1. Warum werden wir, wenn wir den Bus ins Pressburger Zentrum nehmen, wie ein stehendes Stück Vieh geführt? 2. Wer zäunt kurz vor der Wahl unseren himmlischen Sandberg mit

Verbotsschildern ein? Sollen sich Devínskas Teenager nicht mehr im goldgelben Sand des tertiären Meeres küssen? 3. Wie heißt der Blinde, der Devínskas ersten sanierten Plattenbau mit einer scheußlich gestuften Kombination aus Lindgrün und Blassgelb anstreichen ließ? Soll so einmal ganz Devínska aussehen?«

Mein Brief wurde nicht gedruckt, Antwort erhielt ich keine, die Leute haben gewiss andere Sorgen. Am 2. Dezember 2006 ging ich festen Schrittes zur Wahl. Zum Bürgermeister wählte ich den Kandidaten, der in seinem Wahlprogramm bekannt gab, er wolle einen alten Traum nicht aufhören zu träumen – eine Brücke nach Österreich, eine Brücke nach Marchegg. Das Thema griff sonst keiner auf, der Mann war chancenlos, Ingenieur Mráz gewann souverän.

Immerhin wurde auch ein anderer nicht Bürgermeister, der Kandidat der linkspopulistisch-nationalistischen Koalition, eine irgendwie verschwitzte Figur. Er blieb einfacher Gemeinderat und wurde nach der Wahl verhaftet, als er ein Sümmchen Schmiergeld entgegennahm. Gezahlt wurde es von einer Firma aus Österreich.

4

Die Slowakei ist nicht reich an Ritualen. Die bunt kostümierten Gardisten vor dem Präsidentenpalast müssen noch lang ins Leere schauen, ehe man ihnen den Abklatsch berühmter Vorbilder nachsieht. Ein lebendiger Brauch ist die Silvester-Krautsuppe, und auch das österliche Peitschen und Anspritzen unverheirateter Frauen lasse ich gelten.

In der Hauptstadt wurde aber ein Ritual gelebt, das gab es nirgendwo sonst. Es fand jeden Abend statt, und obwohl es den wenigsten bewusst war, nahmen die meisten daran teil: die Pressburger Geisterstunde.

Die Geisterstunde brach so verlässlich herein, weil sie dem Fahrplan des öffentlichen Nahverkehrs entsprang. Gegen elf fuhren die letzten Busse in die Vorstädte ab, nach Devínska um 22:53, der öffentliche Verkehr rann aus. Das Zentrum versank in einen eigentümlichen Wachschlaf. Die Verbliebenen sortierten sich und vergewisserten sich ihrer Kräfte. Die magische Stunde endete erst kurz vor Mitternacht, dann trat der Nachtfahrplan in Kraft.

Am 2. Dezember 2006 wurde nicht nur mein Bürgermeister wiedergewählt, sondern auch der Oberbürgermeister der ganzen Stadt. Da Bratislava seit der Wende von der konservativ-katholischen KDH geführt wird, konnte die Pressburger Geisterstunde nur ihr eingefallen sein. Es war die Stunde, die den gepflegten Tagesausklang von der Nachtschwärmerei, das Vergnügen von der Sünde schied. Als hätte man den Ruf der KDH durch die Gassen säuseln gehört: »Hopp-hopp, ins Bettchen!«

Die Wiederwahl des Oberbürgermeisters machte mich sicher, dass der einzigartige Brauch nicht sterben würde. Ich habe mich getäuscht. Bratislavas öffentlicher Nahverkehr, der ohne U-Bahn, ohne S-Bahn und mit regelmäßig ausbrennenden Erdgas-Bussen selbst gegenüber ukrainischen Großstädten abstinkt, wurde im Sommer 2007 umgestellt. Die Veränderungen betrafen hauptsächlich den Nachtfahrplan. Plötzlich sah man zwischen elf und zwölf Busse fahren, das Ritual war zerstört.

Das konnte ich nicht ahnen, und so bin ich am Abend des Wahlsiegs auf den Hauptbahnhof gefahren, denn nirgends hat man den Spuk der Geisterstunde so eindrucksvoll erlebt wie dort. Um 23:50 fuhren die Nachtbusse stets vom Vorplatz des Bahnhofs ab, sechzehn Stück auf einen Schlag, im Lauf einer einzigen Minute. In der Stunde davor ging alles langsam. Zehn vor zwölf ging es dann schnell.

Es war wie sonst. Um halb zwölf standen die Nachtbusse großteils bereit, wie immer verschlossen, wie immer in zwei Reihen, wie immer zufällig geordnet. Vor den Bussen warteten die Leute, recht still und ohne viel Bewegung, dem Augenschein nach viele Arbeitsmigranten aus der slowakischen

Provinz. Ihre Sporttaschen vor sich abgestellt, rauchten sie.

Wie immer um diese Zeit waren an den Würstelbuden die Hotdogs aus. Wie immer standen etliche Alkoholiker herum. Die Geisterstunde der Siegesnacht wäre ganz und gar glanzlos verlaufen, wäre da nicht ein Paar aus dem Taxi gestiegen. Ein Paar, wie man es seit den Verteilungskämpfen der Neunziger nicht mehr gesehen hat.

Beide brauchten lang zum Aussteigen, denn der Mann musste in seinen Rollstuhl wechseln, und die Hacken der Frau waren höher, als die Physik erlaubt. Sie war blond und schlank, ihr Rock war kurz und glitzernd, und so stöckelte sie hoch aufragend zum Bahnhof. Alle Griffe selber setzend, fuhr neben ihr der Mann im Rollstuhl. Er war noch nicht alt, sah gut aus, war geschoren, entschlossen und energetisch. Die beiden brachten den gesamten Vorplatz zum Fantasieren, für einen langen Augenblick. Sie waren das Geglotze gewohnt.

Das glamouröse Paar verschwand im Bahnhof, und wir warteten wieder träge auf den fahrplanmäßigen Beginn der Nacht. Sie brach so wild wie immer über uns herein. Plötzlich saßen die Chauffeure am Steuer, die Motoren ratterten, die Lichter gingen an, die Bustüren gingen auf. Auch ich sprang hinein, in eins der sechzehn Geschosse, die innerhalb weniger Sekunden abgefeuert wurden, in einem atemlosen Kugelhagel gleichzeitiger Starts.

Wir spürten es in den Knochen: Die Nacht hatte begonnen.

5

Patrónka war das geschundenste Nadelöhr der Stadt. In die Asphaltwellen der kleinen Kreuzung gruben sich täglich 55.000 Fahrzeuge, unter ihnen die Kolonnen des Schwerverkehrs aus Budapest und Prag. Bis 23. Juni 2007, denn seither ist die Fahrt an dieser Stelle frei.

Am 23. Juni 2007 wurde das fehlende Teilstück der »inneren Umfahrung« Bratislavas eröffnet, der lang ersehnte Tunnel unter dem Karpatenhügel Sitina. Zwei separate Röhren Autobahn, etwa anderthalb Kilometer lang, etwa 135 Millionen Euro teuer, von einem japanisch-tschechischen Konsortium erbaut.

Die Eröffnung war ein Volksfest mit Musikgruppen, Würstelbuden und Erste-Hilfe-Shows. Die Tausenden Besucher, unter denen ich herumspaziert bin, entsprachen dem Typus des Schaulustigen, wie er überall existiert: Elternpaare trotteten mit unterdrückter Gereiztheit nebeneinander her, und die zugehörigen Kinder forderten ein Abenteuer oder ein Eis.

Am Vormittag um zehn, vier Stunden früher als angesagt, fand das Abenteuer statt. David Coulthard, damals der älteste aktive Rennfahrer der Formel 1, weihte den Tunnel auf seine Weise ein.

Die Veranstalter hatten für den Schotten eine zwanzig Kilometer lange Runde von Straßen und Autobahnen im Zentrum Bratislavas gesperrt. Das Volk erwartete Coulthard an der Tunnelöffnung. Zu sehen war kaum etwas. Lange bevor das Red-Bull-Racing-Vehikel ankam, schrie ein hohes, gekratztes Höllengeheul aus dem Inneren des Tunnels heraus. Es war unsagbar laut, und dann war das Abenteuer auch schon vorbei.

Den Helm unterm Arm, stand der Rennfahrer auf der Bühne und sprach Artigkeiten über die Slowakei. Er wisse nicht, wie schnell er gefahren sei, sagte er, denn er habe im Wagen keinen Tachometer. Ein Mitarbeiter flüsterte ihm etwas ins Ohr. »293«, richtete Coulthard aus.

Es war ein heißer Samstag. Mineralwasser wurde kostenlos ausgegeben, aber Schatten war nirgends. Der Tunnel war noch gesperrt, und so verfiel ich auf die Idee, zu Fuß ans andere Ende des Tunnels zu spazieren, über den verlockend bewaldeten und sanft ansteigenden Hügel Sitina.

Einige Kleingruppen folgten mir. Das hätten sie besser gelassen, denn zwischen Metallgittern, Stacheldrahtzäunen, im Wald versteckten Wirtschaftsgebäuden und einem Zaun aus pittoresk hochbetonierten Rundlingen kamen wir irgendwann nicht mehr durch. Wir mussten seitlich ausweichen, in

Richtung Patrónka, und fanden uns auf einem weitläufigen Gelände der Slowakischen Akademie der Wissenschaften wieder. Auch dieses war mit Stacheldraht umzäunt.

Achtzehn Jahre nach dem Fall der Mauer schien es mir um die Freiheit insgesamt nicht gut zu stehen. Das Akademiegelände beherbergte Baracken für Autoservice, Einfamilienhausplanung, Kanzleibedarf, Büroblöcke für Orientalisten, Musikwissenschaftler, Ägyptologen. Wozu der Zaun, habe ich mich gefragt. Vergessen wegzuräumen? Und überhaupt: Wenn in Europa eine Grenze fällt, wie viele Vignetten-Stopps kommen stattdessen hinzu?

Als ich endlich am anderen Tunnelportal ankam, kündigte der Verkehrsminister gerade eine Autobahnmaut an, für 2009. Der Premierminister kritisierte den Autobahnbau seines Landes: »Wir bauen langsam und teuer. In Anbetracht seiner Länge ist das einer der teuersten Tunnel der Welt.« Man mochte die Aussage miesepetrig finden, aber das ist Robert Ficos Stil. Das hat ihn zum langjährig populärsten Politiker der Slowakei gemacht.

Der Botschafter des Landes, das den Tunnelbau vorfinanziert hatte, stand neben seinen japanischen Glückswimpeln und verzog keine Miene. Eine Mutter tröstete ihren Sohn, der nicht glauben konnte, Coulthard verpasst zu haben. Es war zu hören, dass sie log: »Vielleicht ist er nur Probe gefahren.«

6

Die Begegnung war unverhofft. Sie stieß mir im Štefánka zu, Bratislavas einzigem Kaffeehaus, der aufwändig gestalteten Neugründung einer untergegangenen Gastwirtschaft. Genau: Wo früher die Künstler und Intellektuellen saßen. Früher, vor zwei, drei, vier Generationen.

Ich muss erklären, was ich mit Kaffeehaus meine. Ich meine nicht das Café italienischen oder sonst welchen Typs, in das man hereinschneit, auf einen geschwinden Kaffee, zum Plauschen, zum Vorglühen oder um der Freundin die Einkäufe vorzuführen. Cafés dieser Art gibt es in Bratislava viele. Es gibt überhaupt alles Mögliche: Cocktailbars, Bierstuben, Steakhäuser, Schwulen-Discos und die ganze Deklination von Tex-Mex bis Irish Pub, letzteres gefüllt mit englischen Horden.

Die Cafés der Stadt sind alle ziemlich neu, ziemlich populär und voller aufstrebender junger Leute. An einem dieser Orte ließ ich mir mein erstes slowakisches Wort beibringen, eine Schutzformel zur Verhütung des liebevollen Aktes, dem der slowakische Cappuccino am Ende seiner Zubereitung unterliegt: »bez škorice« – »ohne Zimt«.

Allgemein gesagt, trennt das Kaffeehaus vom Café die geistigere Atmosphäre. Zum stillen Grübeln taugen die Pressburger Cafés schon deswegen nicht, weil sie mit heiter-dynamisch moderiertem

Radiopop beschallt sind. Die Werbeblöcke handelt man sich ebenfalls ein.

Ein Kaffeehaus erkennt man daran, dass Zeitungen aufliegen. Wenn der Gast sie tatsächlich liest, möglicherweise allein, dann kommt er sich dort nicht wie ein Zombie vor, wie ein Stachel im Fleisch der Gastronomie, wie ein aus der Zeit gefallener Überrest von einem längst verglühten Stern. Vielleicht gibt es das Kaffeehaus nur in Wien. Dann hätte das, was das Štefánka versucht hat, umso mehr Respekt verdient.

Das Beste am Štefánka ist die Garderobe, geführt von höflichen weißhaarigen Damen. Man bekommt eine Melange, eine Sachertorte und gute Suppen. Benannt ist das Kaffeehaus nach Kronprinzessin Stephanie, der Witwe Kronprinz Rudolfs. Sie sollte Kaiserin werden, wurde aber nach Mayerling degradiert und lebte mit ihrem zweiten Mann bei Pressburg, im heutigen Stadtteil Rusovce. Stephanie hat die Namensgebung persönlich erlaubt.

Das war 1904. 1945 starb sie, 2005 wurde ihr Kaffeehaus wieder aufgemacht. Es ging von Anfang an nicht sehr gut, und irgendwann war es nur noch katastrophal besucht. Das Štefánka ist teuer. Die drei führenden slowakischen Tageszeitungen liegen auf, aber keiner liest sie. Mein wiederkehrender Schrecken ist die Musik. Es läuft ein Band ohne Werbung, aber mit den ausgeleierten Rockschnulzen der Siebziger und Achtziger. Ja, die Stones.

Lange Zeit und immer wieder habe ich Bratislavas einzigem Kaffeehaus eine Chance gegeben. Es liegt an einer staugeplagten Kreuzung. Als ich einmal hineinging, im Advent 2006, war vor der Tür – quer über den Gehsteig – eine Staatslimousine geparkt. Ich trat ein und gab meinen Mantel an der Garderobe ab.

Ein anderer nahm gerade seinen Mantel und telefonierte mit der freien Hand. Der Mann war in meinem Alter, hatte einen ähnlichen Haarschnitt und war ähnlich gekleidet wie ich. Er schlüpfte in seinen Mantel und sagte entspannt ins Telefon: »My to zaplatíme, v pohode!« Der Mann war der slowakische Finanzminister, und seine Worte bedeuteten: »Wir zahlen das, alles locker.«

Und schon war er weg. Ich setzte mich nachdenklich hin, die eingespannte Zeitung im Arm. Die Worte des Finanzministers klangen in mir nach. Er hatte einen volkstümlichen Ausdruck gebraucht, der Behagen, Wohlfühlen, vielleicht sogar Gemütlichkeit bedeutet. Das Wachstum lag bei acht Prozent, die Slowakei steuerte mit guten Aussichten die Einführung des Euro an, eine österreichische Großbank hatte mir soeben die Kreditkarte gesperrt. Und der slowakische Finanzminister sagt, dass er mit Wohlgefühl bezahlt.

7

Ein Porträt von Bratislava zu schreiben, würde mich aus einem bestimmten Grund nicht freuen: Es ist zu früh. Es gibt in der Gegend keinen Ort, der so umfassend aufgerissen, so grundstürzend umgepolt wird wie diese Stadt. Wozu sich also 2008 »Mitteleuropas Dubai« ausmalen, wenn es bereits 2009 sichtbar wird und 2010 Gestalt annimmt? Wenn 2012 alles fertig ist und kein Developer mehr wagt, einen vierzigsten Wolkenkratzer hochzuziehen?

Keine Stadt der Gegend interessiert mich so sehr als Möglichkeitsform wie diese. Das macht einmal die Lage. Nicht bloß die sechzig Kilometer zur nächsten Hauptstadt. Die sind in Europa für einen Rekord gut, aber in Brazzaville und Kinshasa macht das niemanden staunen. Dort trennt nur der Kongo-Fluss.

Wirklich außergewöhnlich ist die slowakische Hauptstadt, indem sie zwei Nachbarstaaten berührt, Österreich und Ungarn. Die Stadtgrenze ist im Süden und Westen eine Staatsgrenze, eine Sprachgrenze zumal, mit ganz banalen Folgen. »Slowaken bauen in Österreich, weil der Grund billiger ist« – das klang eine Zeitlang wie eine billige Provokation, ist aber normal geworden angesichts einer täglich tiefer in den Wohlstand vordringenden Großstadt, deren Eliten wie überall sonst ins Grüne ziehen. Vom burgenländischen Kittsee, vom niederösterreichischen Wolfsthal, vom ungarischen Rajka gelangen sie schneller ins Zentrum als von den slowakischen Vororten des Nordens und Ostens.

Warum aber Wilsonovo? Ich sprach davon, dass der verspäteten Stadt nur das Überspringen bleibt. Dieser Sprung wird unternommen – mit widerwilligem Fußvolk und rachitischen Bussen in das Tiefgaragenreich aufschießender Hochhäuser und smarter Glas-und-Glanz-Quartiere.

Die Projektphase ist Vergangenheit, es wird hochgezogen, sie bauen schnell. Eine halbe Milliarde Euro für »Twin City«, eine halbe Milliarde für »Eurovea« und »River Park«, die Fortsetzungen der Donaupromenade links und rechts der Altstadt, noch einmal so viel für »Panorama City« und die Towers auf den Industriebrachen drum herum.

Die Namen dieser Türme und Komplexe, sie brauchen nicht übersetzt zu werden: Tower 115, Vienna Gate, Koloseo, Universo, Condominium Renaissance, City Business Center, Westend Business Park, Aupark Tower, Europex Tower, Glória Tower, Lakeside Park, Digital Park.

Und darum Wilsonovo. Wenn diese Stadt Charakter bekommt, dann wird er aus ihrer Charakterlosigkeit geschöpft sein. Aus der geschichtsblinden Ruchlosigkeit ihrer Zerstörer – sie hinterließen ein UFO über der Donau – und aus dem futuristischen Furor ihrer Verkäufer.

Übrigens hieß die Stadt nur wenige Wochen

Wilsonovo. Möglicherweise war der Name nur auf den Karten der tschechoslowakischen Legionen in Italien eingetragen, und möglicherweise hieß die Stadt so, ohne dass ihre Bewohner davon wussten. Das wäre noch ein Argument für Wilsonovo, die außerirdische Stadt.

Die Schwelle

Diese Zeilen handeln von Scham. Zunächst von meiner Neugier, dann von meinem Schrecken, zuletzt von meiner Scham. Dabei habe ich mich nur ein wenig umsehen wollen.

Viele Jahre hatte ich geglaubt, dass die elenden Slums, die der Slowakei in Europa Schande machen, weit im Osten liegen. Erst spät stieß ich darauf, dass es auch im Westen einige dieser abgesonderten Siedlungen gibt, die meisten in der Marchebene Záhorie. Die größte in Plavecký Štvrtok, drei Dörfer nördlich von Devínska, zehn Kilometer von der österreichischen Grenze. Das Ghetto wird von 500 Roma bewohnt und »Kolónia« genannt.

Ich fand Plavecký Štvrtok auf der Karte und rieb mir die Augen. Die aktuelle Wanderkarte von Záhorie wies am östlichen Ortsrand einen allzu passenden Eintrag aus: »U cigánov« – »bei den Zigeunern«. Sollte die gesuchte Siedlung tatsächlich so unkorrekt bezeichnet sein? Vor dem Bahnschranken rechts abbiegen, und schon bin ich da?

Als ich an jener Stelle einbog, erblickte ich aus dem Autofenster sauberen Asphalt, geschnittene Hecken, propere Einfamilienhäuser. Ich fuhr zurück, über den Bahnübergang, zu verlebten Wirtschaftsgebäuden, an den Dorfsee, an alle Enden des Dorfes. Ich begann den Wirtshausbrüdern an der Kreuzung aufzufallen. Sollte die Kolónia in einem der umliegenden Kiefernwälder verborgen sein?

Ich hielt beim Bahnschranken und wartete, bis auf seinem Fahrrad ein alter Rom vorbeikam, seinen Einkauf in einem zerschlissenen Plastiksack balancierend. Dort, wo der Alte verschwand, war ich schon gewesen – gleich zu Beginn.

Am Ende der Asphaltstraße stellte ich den Wagen ab. Vor mir, zwischen zwei Obstbäumen, die auf einer kniehohen Böschung standen, zeichnete sich eine schmale Spur ab, hart getretene Erde, der Beginn eines Weges. Hinter mir schaute die Hausfrau des letzten Einfamilienhauses aus dem Fenster, sah mich missgünstig an und schloss das Fenster. Ich ging die zehn Meter nach vor, trat zwischen die Obstbäume und stand auf der Schwelle.

Ich sah und hörte die Kolónia im selben Augenblick. Sie lag einen Steinwurf entfernt, hinter einer hohen Mauer, dahinter ein Anschein von Betonbaracken. Wütendes Gezeter, Schläge und Kinderlachen hingen in der Luft. Gebannt blieb ich stehen.

Von der Schwelle führte ein gewundener Lehmweg zur Kolónia. Von hüfthohen und aus allerlei Plastikzeug geformten Müllwellen eingefasst, stach der steinharte ockergelbe Weg wie eine leuchtende Schlange hervor. Ich überlegte, ob ich nähertreten sollte, da radelte ein Halbwüchsiger mit nacktem Oberkörper aus der Kolónia heraus. Erschrocken wandte ich mich ab, wich instinktiv zurück. Er kam auf mich zu, rief mir etwas zu, es klang wie »Koledate«. War es eine Frage, eine Anrede, ein Befehl?

Ängstlich eilte ich zum Auto und sperrte auf. Der Zigeunerjunge machte auf der Schwelle Halt, stieg vom Fahrrad und fragte mich ein weiteres Mal: »Koho hledate?« Ich verstand wieder nicht, winkte entschuldigend ab, murmelte ein kopfloses Dankeschön. Alles schoss mir durch den Kopf: »Nur schauen wollen«, »verfahren«, »gehen wir auf ein Bier?« Mögliche Gegenfragen, Blamagen und Verständigungen. Die Hausfrau, die Wirtshausbrüder und das Auto, das nicht meines war.

Ich setzte mich in den Wagen und startete. In der Sicherheit des Wegfahrens verstand ich plötzlich seine Frage: »Wen suchen Sie?«, hatte er mich im záhorischen Dialekt gefragt. Als wäre dies die allseits anerkannte Linie, die seine und meine Welt trennt, stand der Junge genau dort, wo ich zuvor gestanden war. Sein Gesicht auf der Schwelle war unbewegt. Er sah mir nach.

Südmährische Kommunion

Ich will von einem alten Mann erzählen, der mich beeindruckt. Nicht nur ist er Priester, er gehört den Eucharistinern an. Die Eucharistiner sind ein kontemplativer Orden, sie stellen die Anbetung des Allerheiligsten in den Mittelpunkt. Das ist sehr katholisch, und die meisten, die so etwas hören, schütteln darüber den Kopf.

Ich kannte Pater Leo Kuchař nur vom Telefon. Vor Jahren suchte ich in Südmähren nach Gnadenorten, und Kuchař nannte sie mir. Jetzt empfängt er mich, im Wiener Eucharistinerkloster, in einem schlichten Raum mit Kreuz. Er ist ein sanfter Mann, den zwei totalitäre Regime zu brechen suchten. Sein Humor ist leise, sein Deutsch altertümlich. Er braucht nur ein Wörtchen wie »verplundert« zu verwenden, und schon beginne ich mir vorzustellen, wie es war.

Kuchař kommt aus Brünn. Die Frage nach seiner Muttersprache macht ihn stutzig, er hat immer schon Deutsch und Tschechisch gesprochen. Als Bub bekam er von nationalen Spannungen nichts mit. Dann aber doch: Kuchař ist jüdischer Herkunft. Seine Mutter wurde in Sobibor ermordet, er selbst wurde in das KZ Tworschowitz verschleppt, in der Sprache der SS ein »Sonderlager für jüdisch versippte Arier und jüdische Mischlinge«.

Der 16-Jährige musste Munitionsbunker bauen. An die Lagerhaft erinnert er sich mit einem verstörenden Satz: »Ich sehnte mich nicht so sehr nach der Freiheit als nach der Eucharistie.« Dabei war Kuchař keineswegs religiös erzogen worden, im Gymnasium hatte er sogar den »Club der Ungetauften« angeführt.

Im KZ wurde seine Sehnsucht nach der Kommunion so groß, dass er sich von der Baustelle schlich. Er lief einige Kilometer, vor den SS-Patrouillen zitternd. In der Kirche des nächstgelegenen Dorfes angekommen, bat er den alten Pfarrer um die Kommunion. Der Pfarrer zögerte, denn der junge Häftling hatte das Gebot der Nüchternheit nicht beachtet. Schließlich empfing Kuchař die Kommunion und schlich ins Lager zurück.

Nach der Befreiung wollte Kuchař Priester werden. Wieder so ein Satz: »Auf die erste heilige Wandlung, in der sich Brot und Wein in den Leib und das Blut Christi verwandeln, habe ich mich am meisten gefreut.« Von nun an quälte ihn das kommunistische Regime. 1960 wurde er endlich geweiht, aber Kuchař war ein geheimer Priester. In Brünn wussten nur vier Menschen, dass der freundliche Herr Kuchař in Wahrheit Pater Leo war. Nicht einmal dem eigenen Vater war das bekannt.

Acht Jahre lang las Kuchař die Messe, allein in

seinem Zimmer, jeden Tag. Damit der Nachbar nicht Verdacht schöpfte, blies Kuchař die Kerze mit einem Husten aus. Das ging in Fleisch und Blut über. In Wien brauchte er ein halbes Jahr, um sich das Aushusten abzugewöhnen.

Eines der frommen Dörfer, die mir Kuchař vor Jahren empfahl, ist Šitbořice. Šitbořice ist ein grauer Ort südöstlich von Brünn, in der »Mährischen Slowakei«. Ich war dort und sprach mit dem Pfarrer. Wie es die Tradition will, hält er jeden Samstag eine Anbetung des Allerheiligsten. Die Gläubigen reagieren ratlos, klagte er, besonders in den Phasen des Schweigens.

Ratlos wirkte der junge Pfarrer auch selbst. Sein Leben auf etwas zu setzen, das für die meisten nur eine Oblate ist – Kuchař überzeugt damit. In Šitbořice überzeugt etwas anderes. So gibt es im Dorf eine Frau, die nach jeder Messe das Kelchtuch auswäscht. Mit diesem Tuch wischt der Priester nach der Kommunion den Kelch aus, es ist nach katholischer Lehre mit dem Blut Christi getränkt. Mit dem Wasser, das bei der Reinigung des Kelchtuchs abfällt, gießt die Frau ein Blumenbeet.

Monument des Sinkflugs

Er hatte etwas Romantisches, Geheimnisvolles, Ritterliches an sich, schwärmte die Marquise. Er zog rastlos durch die Fremde, kämpfte im Exil für sein Land und starb, als das Ziel erreicht war. Er starb im Moment der Rückkehr, am 4. Mai 1919, sein Flugzeug ist abgestürzt. Warum, weiß bis heute niemand.

Milan Rastislav Štefánik hatte mit den Tschechen Masaryk und Beneš die Tschechoslowakei gegründet. Der damals noch junge Staat hat dem »größten Slowaken aller Zeiten« zwei zentrale Denkmäler gebaut: eine monumentale Grabstätte auf dem Berg Bradlo, bei Štefániks Geburtsort, und eine trostlose Gedenkstätte bei Bratislava, an der Absturzstelle.

Die schönste Ehrung erfuhr Štefánik von denen, die den Flughafen der slowakischen Hauptstadt nach ihm benannt haben – exakt auf jenem Gelände ist er abgestürzt. Es ist ein kleiner Flughafen, fast ausschließlich von Billigfliegern angeflogen, die slowakische Arbeitsmigranten nach England und Touristen nach Wien bringen. Groß ist nur sein Name. Wo hat schon eine Nation die hintergründige Nonchalance aufgebracht, ihren führenden Airport einem Abgestürzten zu weihen?

Štefánik war Pilot, General und Politiker, ursprünglich war er Astronom. Er nahm die französische Staatsbürgerschaft an, erforschte die Welt in Expeditionen, und als er Tahiti sah, wäre er am liebsten geblieben.

Der Marquise Giuliana Benzoni wurde er während des Ersten Weltkriegs vorgestellt, in einem römischen Salon. Er hatte noch nicht einmal ihren Namen mitbekommen, da bestand er schon darauf, sie am nächsten Morgen wiederzusehen.

Die Marquise erschien zu dem Treffen, in Begleitung einer Anstandsdame. Štefánik ließ ihr sofort einen Ring überreichen und fügte mit seinem slawischen Akzent hinzu: »Diesen Ring trage ich immer bei mir, für die Frau, die an meiner Seite stehen und die Partnerin meines Lebens werden wird.« Die Marquise rang nach Worten. Schließlich fragte sie den jungen Mann, wie er denn eigentlich heißt. Štefánik: »Ich dachte, das wüssten Sie. Aber ich weiß gleichfalls nichts über Sie.« Wenige Minuten später waren die beiden verlobt.

Štefánik starb aus Italien kommend, in einem italienischen Flugzeug, als Kriegsminister eines Staates, den er auf diese Weise das erste Mal betrat. All die Jahrzehnte danach ist die Marquise zu seinem Grab hinaufgefahren. 1948 wurden ihre Besuche von den Kommunisten verboten, der Antikommunist Štefánik war verfemt. 1968, im Prager Frühling, durfte sie ein letztes Mal hinauf.

Die Grabstätte liegt etwa achtzig Kilometer von der Absturzstelle entfernt, am Nordrand der Kleinen Karpaten, in der protestantischen Enklave bei Myjava. Wie die meisten Vorkämpfer der slowakischen Selbstfindung gehörte Štefánik der evangelischen Minderheit an, geboren als sechstes von zwölf Pastorenkindern.

Einst eine Weihestätte des Tschechoslowakismus, ist die massive Anlage auf dem Bradlo immerhin noch ein Ausflugsziel für Familien. Dort oben werden im Sommer Eis und Andenken verkauft, von einem gewieften älteren Männlein, das jedes Mal aus dem kleinen Buffet herausläuft, wenn ein weiteres Auto auf dem Parkplatz ankommt. Er nimmt von den Ankommenden zwanzig Kronen, den kleinsten Schein, die übliche Parkgebühr, eilt zurück und zieht weitere Eislutscher aus seiner Truhe. Parkplatz und Buffet sind konkurrenzlos, ein süßeres Monopol lässt sich nicht denken.

Die Struktur der Grabanlage ist geometrisch einfach. Sie ist aus massiven Steinquadern aufgeschichtet, von vier Obelisken flankiert und verjüngt sich auf drei Ebenen zum steinernen Sarkophag hinauf. Der wuchtige Bau erinnert an die Tempelbezirke versunkener Kulturen, die Stimmung ist aber weniger feierlich. Am höchsten erreichbaren Punkt spielen kleine Kinder Fangen, um den Sarkophag herum. Nur selten werden sie von den Eltern heruntergeholt.

Gewiss würden auch welche auf dem Sarkophag tanzen, wenn er nicht zu hoch wäre; heilig ist hier nichts. Dabei mangelt es den Slowaken an Nationalhelden. Die in Frage kommenden Figuren sind meist belastet oder unbekannt, und letztlich bietet sich fast nur Štefánik an: Er starb früh genug, im Alter von 38, an ihm kann sich die nationale Fantasie entzünden.

Aber auch der Štefánik-Kult ist ratlos geworden. Wie sehr, zeigt sich an der Absturzstelle. Ich bin zu Fuß dorthin gewandert, vom Dorf Ivanka pri Dunají aus. Es war ein kalter Sonntag im Herbst. Am Ortsrand saßen zwei örtliche Fräuleins in einem Baum, auf einem Ast, der bestens dafür geeignet war, stark, waagrecht und in Bodennähe gewachsen. Die Fräuleins waren in dicke Jacken verpackt, und die eine hat kehlig gelacht, als hätten sie über etwas Schmutziges gesprochen, oder auch über etwas Reines, nur auf schmutzige Art.

Der Weg zum Unglücksort führt über eine lange Landstraße, die rechts von einem Zaun begrenzt wird. Eine rostige alte Tafel warnt auf Slowakisch, Russisch, Englisch und Deutsch: »Objekt des Flughafens. Eintritt streng verboten. Übertretung wird bestraft.«

Kurz vor der Gedenkstätte eine weitere Tafel, diesmal nur auf Slowakisch: »Müllausstreuen verboten«. Dann eine kurze Allee, dann eine kleine graue Pyramide mit einer kleinen grauen Gedenktafel davor. Links und rechts der Pyramide haben sich mannshohe Sträucher entfaltet. Die mit den roten Beeren, die zu essen Mama verboten hat.

In andächtiger Distanz ist eine aus Beton gegossene Sitzbank bereitgestellt. Sie verwittert ungenutzt. Ein Radfahrer hält kurz und fährt weiter. Hinter der Allee hält eine Familie ein spätherbstliches Picknick im offenen Škoda. Ab und an Fluglärm von der angrenzenden Landepiste, Sky Europe oder Ryanair.

Warum Štefániks Flugzeug 1919 abgestürzt ist, wurde nie geklärt. Die bravste aller Theorien erklärt das Flugmaterial für unzuverlässig, immerhin sei der Sohn des Konstrukteurs im selben Modell verunglückt. Eine beliebte Version besagt, die tschechoslowakische Flak habe das Flugzeug abgeschossen, weil sie das italienische mit dem ungarischen Hoheitszeichen verwechselt habe – und mit Ungarn hätten zu der Zeit noch Feindseligkeiten bestanden.

Auch von Selbstmord ist die Rede: Štefánik habe vielleicht sein Magenleiden nicht mehr ertragen, habe eine Degradierung zum Botschafter befürchtet, habe unter dem Misserfolg seiner antibolschewistischen Mission in Sibirien gelitten.

Da Štefánik mit seinem tschechischen Rivalen Beneš in Konflikt stand, wird auch über eine politische Verschwörung geraunt. Ein Augenzeuge will gesehen haben, wie der noch lebende Štefánik in einem schwarzen Wagen weggebracht wurde.

Vorher hätten ihm die tschechischen Kerle noch die Uhr abgenommen.

Unter all den Theorien, die auf ein tschechisches Komplott abzielen, ist die unglaubwürdigste die schönste: Da seine geliebte Marquise eine Angehörige des italienischen Königshauses war, habe Štefánik ein ebenso geheimes wie umwälzendes Projekt verfolgt – sich zum König der Slowakei zu krönen.

Ein Wahnsinnsortl

Einmal hat mich ein Vortragsthema nach Gänserndorf gelockt. Ich hatte es dabei mit einem Bezirkshauptort zu tun, der spektakulär um sich greift. In Pendeldistanz zu Wien gelegen, am östlichen Ende der urbanen Verlängerungslinie Donaustadt–Deutsch-Wagram–Strasshof, zieht die Gemeinde viel Volk an.

1981 hatte Gänserndorf noch keine 5000 Einwohner, jetzt sind es 10.000. Die neuen Wohnungen der Genossenschaften sind leistbar und familienfreundlich, das flache Umfeld ermuntert zum Radfahren und Laufen. Wenn der Trend anhält, müssen wir irgendwann alle einmal nach Gänserndorf.

Ich kam leicht verspätet an und habe in der Unterführung des nüchternen Bahnhofs nach dem Weg gefragt. »Dort muss es heute was Besonderes geben«, antwortete mir die Verkäuferin aus ihrer Imbissbude heraus. »Sie sind jetzt schon der Dritte, der fragt.« Ich war von der Auskunft elektrisiert. Anscheinend hatte nicht nur ich, sondern das ganze nordöstliche Grenzland dieses Vortragsthema herbeigesehnt: »Kulturelle Unterschiede zu Tschechien.«

Der Saal war tatsächlich brechend voll. Fast alles Männer, gut gekleidet, prächtig gelaunt. Der

Vortragende war ein einnehmender Routinier mit gesunder Gesichtsfarbe und beneidenswert schönen weißen Haaren. Er war erst unlängst »in der Tschechei« gewesen, in der südmährischen Renaissancestadt Teltsch, »ein Wahnsinnsortl, dort kann man herrlich mit den Leuten verhandeln«. Hauptsächlich verkauft er Landwirtschaftsmaschinen in die Ukraine.

Auch die nicht minder wortgewandten Zuhörer entpuppten sich nach und nach als Verkäufer, als österreichische Handelsreisende, die mit ihrem Englisch die Weiten des Ostens durchstreifen. Der Markt sei »leergefegt von Spitzenverkäufern«, erfuhr ich, und eine amerikanische Studie habe ergeben, dass Selbstkontrolle im Verkauf das wichtigste Erfolgskriterium sei.

Ich war in eine Verkäuferschulung geraten. Die kulturellen Unterschiede, die das verkorkste Verhältnis zwischen Österreichern und Tschechen vielleicht erhellt hätten, schrumpften zu einem vertriebsbezogenen Vergleich zwischen »Westeuropa« und »MOE«. Zu MOE zählt man über zwanzig Nationen.

Ich habe gelernt, dass der Osteuropäer wesentlich mehr Probleme mit dem Selbstbewusstsein hat. »Der Osteuropäer lässt uns kommen. Ich erzähle, und er beobachtet mich. Er nutzt die Zeit, mich zu beobachten.« Wenn er keine Visitenkarte bekommt, kann der Osteuropäer böse werden.

Bei allem Optimismus gilt: »Es wird sicher noch ein paar Jahre dauern, bis sie parallelisiert wurden.« Bis es so weit ist, tragen die Österreicher die Korruption, über die sie die Nase rümpfen, fleißig nach MOE hinein. »Es gibt eine Weisung im Finanzministerium«, sprach der Vortragende mit gesenkter Stimme. Wenn es belegt werde, könne Schmiergeld durchaus von der Steuer abgesetzt werden. Er selbst lädt den Osteuropäer auf ein Seminar ein, in ein gutes österreichisches Hotel. »Das ist ihm vielleicht sogar lieber als a finanzielle G'schicht oder a Fernseher.«

Ich bin dem Sittenbild zur Halbzeit entflohen und habe mich in den »Geyer« gesetzt. Dem Trend folgend, kenne ich immer mehr Leute, die nach Gänserndorf gezogen sind, und musste nur eine halbe Stunde warten, bis einer meiner Bekannten Zeit für mich hatte.

Wer bisher noch nicht nach Gänserndorf musste, mag sich wundern, wieso das Café einer Backwarenkette binnen kurzer Zeit zum allgemein anerkannten Treffpunkt geworden ist. Vielleicht ist es die Herzlichkeit der slawischen Bedienung, vielleicht ist das der Gänserndorfer Way of life. Irgendwann sitzen wir alle dort.

Über Pferde und Männer

Am ungarischen Ufer des Neusiedler Sees liegt ein kleiner Reithof. Er wird von zwei Ungarn geführt, von Peter und Laci. Sie sind seit 25 Jahren ein schwules Paar.

Bei meinem Besuch nahm ich zwei Freunde aus Edinburgh mit, ein slowakisch-schottisches Männerpaar, bestehend aus einem Pressburger und einem Highlander. Sie waren gerade in der Gegend, um einem Nationalsport Zehntausender Briten nachzugehen, dem Kauf von Immobilien im Osten der EU. Am Ende einer gedrängten Urlaubswoche war die Wahl meiner Freunde auf eine Wohnung in »Vienna Gate« gefallen, einem Neubau-Komplex beim Bahnhof Petržalka, der zu diesem Zeitpunkt noch gar nicht stand. 150.000 Euro für siebzig Quadratmeter im sechzehnten Stock, mit Dachterrasse und Garagenplatz. Der Kauf wird zu zwei Dritteln auf Kredit finanziert, die Mieter sollen ihn abbezahlen.

Auf dem Reithof spannten meine Edinburgher Freunde aus. Es war ein schöner Sonntag im Frühling, Peter und Laci luden uns sofort in ihr sonnendurchflutetes Haus. Die Kommunikation war offen und vergnügt, deutsch und englisch durcheinander, der einzige Heterosexuelle fiel nicht sonderlich auf, und Europa kam mir ziemlich integriert vor.

Ausgeritten ist nur unser Highlander, mit leuchtenden Augen kam er zurück. Die Koppel liegt in Fertörákos, dem einzigen ungarischen Ort, der über ein Strandbad am Neusiedler See verfügt. Am See war bereits viel Volk, die Langos-Bude war umlagert, Fischer saßen am Schilf, einer schlief.

Hinter der Grenze liegt Mörbisch, Sopron ist nah, aber zum Reithof »Cimbora« kommen nur Eingeweihte. Der Name bedeutet »Kumpan«, hat uns Peter erklärt. Hätten sie den Hobbybetrieb »Cimborak« genannt, »Kumpane«, hätte das für ungarische Ohren schon schwul geklungen.

Peter ist Ingenieur, trägt einen präzis geschnittenen Schnauzer und spricht ein gewähltes Deutsch, das in langjährigem Austausch mit DDR-Bürgern geschult worden ist. Laci ist erdiger. Vor 25 Jahren nahmen sie in Sopron den ersten Drink. »Laci sprach den ganzen Abend nur über zwei Dinge«, erinnert sich Peter, »über Pferde und Männer.« Irgendwann habe er den jungen Mann gefragt, ob er schwul sei. Die Antwort war ja, und seither sind sie ein Paar.

Unter der Woche sind sie immer wieder getrennt. Peter arbeitet neuerdings für eine österreichische Personal-Leasing-Firma im Osten Ungarns, Laci war Rossknecht im Helenental. Von klein auf hat er sich ein eigenes Pferd gewünscht. 1991 hat er es bekommen, eine trächtige Stute. Bald hatten sie vier Pferde, heute sind es acht. Das erste Pferd hielten sie noch »in einer Doppelgarage«, dann kauften sie die handelsüblichen österreichischen Boxen. Damals waren die Pferde oft krank, »seit wir sie aber auch im Winter auf der Koppel lassen, haben wir den Tierarzt nicht mehr gesehen«.

Laci und Peter sind in Fertörákos geachtet. Da es in Sopron keine Schwulenlokale gibt, fahren sie oft nach Wien, »fast jede Woche«. Für mich hatte Peter an diesem fröhlichen Sonntag eine bedrückende Botschaft. Die Österreicher meinen ja, sie seien gemütlicher und geselliger als die Deutschen und überhaupt ein ziemlich lustiges Volk. Peter und Laci sind wirklich gesellig, sie kennen Europa und pflegen Freundschaften über zahlreiche Grenzen hinweg. Ausgerechnet in Wien, wundert sich Peter, ausgerechnet in ihrem liebsten Lokal hat sich noch nie auch nur der Hauch eines freundlichen menschlichen Kontakts ergeben. Nirgendwo in Europa begegnet man ihnen so distanziert wie in Wien.

Den Meeren glauben

»Bist du gewiss, dass unser Schiff die Wüsten Böhmens angelaufen hat?«, fragt der Edelmann Antigonus in Shakespeares Wintermärchen. »Ja, Herr«, antwortet sein Seemann. Schauplatz der Szene: »Böhmen, eine wüste Gegend am Meer.«

Shakespeare, der Geografie nie sonderlich genau genommen hat, hatte unbekümmert die Angaben einer belletristischen Quelle übernommen, die Böhmen als wellenumspülte Insel beschreibt. Vielleicht ein Versehen, nicht weiter tragisch, zumal es Ingeborg Bachmann zu einem ihrer schönsten Gedichte angeregt hat, »Böhmen liegt am Meer«.

Böhmen liegt nicht am Meer, und dennoch tönt einem aus tausend Kehlen »ahoj!« entgegen, sobald man seinen Fuß aufs böhmische Eiland setzt. Suchen die fernab der Küsten siedelnden Stämme Shakespeare posthum ins Recht zu setzen? Drückt sich im Gruß »ahoj« die Sehnsucht eines von Gebirgen eingeschlossenen Volkes nach Seefahrt, nach der Weite und Unbegrenztheit der Meere aus? Oder handelt es sich um einen bloßen Zufall, um eine kuriose Laune der tschechischen Sprache?

Ahoj ist in Tschechien und der Slowakei allgegenwärtig, geht als informeller Gruß quer durch die Generationen, lässt sich annähernd mit dem deutschen Hallo vergleichen. Richtet sich der Gruß an mehrere, wird daraus »ahojte«. Wer sich keck oder gut gelaunt gibt, verniedlicht den Gruß zu »ahojky« oder »ahojček«.

Doch ist ahoj kein tschechisches Wort, sondern eben jener internationale Seemannsgruß, als den ihn andere Sprachen kennen. Abgeleitet vom mittelenglischen Viehtreiberruf »hoy«, wurde »Ahoy« zum Anruf für ein anderes Schiff und für die Meldung des Ausgucks, dass ein anderes Schiff in Sicht kommt – »Schiff ahoi«. In den zwanziger und dreißiger Jahren des vorigen Jahrhunderts, als Wanderverbände durch Böhmen und Mähren zogen, brachten die Pfadfinder den Gruß auf – sie bevorzugten Wassersportarten.

Ahoj klang locker, sportlich und entspannt, es kam bei den jungen Leuten an. Neben dem Ahoj blieb lange Zeit das tschechische »nazdar« in Gebrauch, »es soll dir gelingen!« Zur Zeit Turnvater Jahns von der nationaltschechischen Turnerbewegung entwickelt, ist nazdar seinen ideologischen Stallgeruch nie losgeworden und galt nicht nur unter Mährern als belastet. Untschechisch und unverfänglich, hat sich ahoj in den Sechzigern endgültig durchgesetzt und bis in die Slowakei ausgebreitet. Dort drängte es das alteingesessene »Servus« an den Rand und wird mittlerweile selbst vom »Ciao« der Jugendlichen bedrängt.

Allein, das böhmische Meer, das mährische, das

slowakische Meer – es hat dem tschechoslowakischen Staatsvolk stets gefehlt. Überhaupt hat die Natur Tschechien und die Slowakei nur karg mit Wasserflächen beschenkt, mit Fischteichen mittlerer Größe und einigen wenigen kaltklaren Gebirgsseen. So schufen sich die Tschechen und Slowaken Anlässe, ahoj zu sagen – indem sie ihre Flüsse zu kleinen Meeren stauten.

Vor allem in den aufbauseligen Sechzigern entstanden Dutzende Stauseen an Moldau, Thaya, Waag und anderen Flüssen, einige darunter so groß, dass ihnen gelegentlich der Ehrentitel Meer beigegeben wird: Böhmerwald-Meer, Liptauer Meer, Ostslowakisches Meer. Die von Menschenhand geformten Seen übertreffen die gottgegebenen um ein Vielfaches, allerdings verliert sich der Blick auch an ihren Ufern nicht in die Unendlichkeit eines unbegrenzten Horizonts. Die Wasserflächen der sechs größten Seen liegen zwischen 27 und 47 Quadratkilometern.

Mit Ausnahme des südlich von Bratislava gelegenen Donau-Stausees, der parallel mit dem Bau des Kraftwerks Gabčikovo entstand, haben sich alle Meere zu Ferienparadiesen entwickelt. Einige sind in die Krise geraten, wie die »Zemplínska šírava«, weit im Osten der Slowakei. Jährlich scheint die Sonne 2200 Stunden über 20.000 Gästebetten, aber das »ostslowakische Meer« krankt an einem Geburtsfehler. Die Kanäle, die Zufluss und Abfluss besorgen, bringen zu wenig Wasseraustausch zustande. Es ist der organische Abfall der Urlauber selbst, der den See aus dem Gleichgewicht bringt. Es waren ihrer zu viele, die das Ahoj in Badehosen lebten.

Weit im Westen liegt Adalbert Stifters Geburtsort Oberplan. Er heißt heute Horní Plana, und die Wellen des Böhmerwald-Meeres »Šumavske moře« schlagen ans dörfliche Ufer, das von Dutzenden Campingplätzen und Pensionen gesäumt ist. Hoch im slowakischen Norden liegt der Orava-Stausee. Ausflugsschiffe fahren darauf, mit Besuchern aus dem angrenzenden Polen besetzt.

In Südmähren, kurz hinter der Grenze zum österreichischen Weinviertel, erstreckt sich der dreigliedrige Stausee »Nové Mlýny«. Er liegt in der Gegend, und eigentlich geht es mir nur um ihn. Er birgt ein Geheimnis, das mich lange nicht losgelassen hat. Ich erzähle noch davon, im nächsten Text, und dann noch einmal. Ich werde das Geheimnis lüften.

Kein Geheimnis birgt der österreichische Campingklub, der seine Mitglieder schon mehrmals nach Nové Mlýny I geschickt hat. Am Pfingstwochenende 2005 bilden die organisiert campierenden Österreicher eine Kolonie von 88 weißen Wohnmobilen. Zu Mittag sitzen sie im Freien beim Buffet, blicken auf die Windsurfer und lassen sich das Bier schmecken. Immer wieder spazieren ältere Camper am Buffet vorbei, ziehen leichtfüßig trolley-artige Plastikwägelchen hinter sich her, kreuzen den Weg anderer Camper mit ähnlichen Wägelchen an der Hand, halten für einen Plausch. Idylle à l'autrichienne: Die Wägelchen sind Campingklos, die freundlichen Herren flanieren zur Kloake.

Noch ein Meer, das Liptauer Meer, »Liptovská Mara«. Gebettet zwischen schneebedeckte Berge, denen weite, sanft abfallende Wiesen und Weiden vorgelagert sind. Ans saftig grüne Nordufer kommen Touristen, seit 2004 auch im Winter, zum Planschen im megalomanen Aquapark »Tatralandia«.

Ein paar Fahrminuten hinter der Küste, in den Liptauer Almdörfern, empfängt mich eine verwirrend andere, erfrischend entrückte Welt. An einem heißen Sonntag stehen die Männer von Liptovská Anna auf der Straße zusammen und spritzen mit einem großen Schlauch herum.

Es ist Mittag, der Schlauch liegt quer auf der Straße, und aus den Lautsprecherlaternen des Dorfes schallen lautstark vibrierend tschechoslowakische Schlager von anno dazumal. Zwei, drei Männer halten den Schlauch und spritzen den Gemeindelaster ab. Ganz am Rand, in sicherer Entfernung, beobachtet eine Mutter die rituelle Reinigung, drückt ihren halbwüchsigen Sohn besorgt und beschützend an sich. Die anderen Männer stehen abseits, vereinzelt, verstreut, schauen schweigend zu. Wenn der Augenblick nicht so innig wäre, würde ich »ahojte!« rufen.

So viel Schönes haben die Stauseen zu geben, aber die Gäste sind nicht mehr treu. Die Sehnsucht nach den wahren Meeren ist groß, die Mittelmeerstrände sind erreichbar, Tunesien und die Türkei leistbar geworden. Eins jedoch haben Tschechen und Slowaken erreicht: Die Ahoj-Rufer Mitteleuropas treiben Seefahrt auf ihren eigenen Meeren.

Und wenn das übrige Europa die Existenz der böhmisch-mährisch-slowakischen Meere auch weiter negiert, ignoriert und abqualifiziert, so haben die Piraten des Ahoj immerhin einen Begriff, ein Wort, eine Assoziation geentert. Wer ahoj sagt, der versteht: Das Meer ist dort, wo ich es mir vorstelle. Um es mit den Versen Ingeborg Bachmanns zu sagen: »Liegt Böhmen noch am Meer, glaub ich den Meeren wieder. Und glaub ich noch ans Meer, so hoffe ich auf Land.«

Im Stausee

Es ist Winter, und im Sommer habe ich etwas Verbotenes vor. Ich will in einen Stausee hinausschwimmen. Weit hinaus, in die Mitte eines großen Stausees, bis zu der flachen, schilfigen Insel. Im fernen Dunst ist zu erkennen, dass auf der kleinen Insel eine kleine Kirche steht. Zu ihr zieht es mich seit Jahren hin.

Eigentlich handelt es sich um drei ausgedehnte Stauseen, durch Dämme voneinander getrennt. Alle zusammen heißen sie Nové Mlýny, »Neue Mühlen«. Sie erstrecken sich im Süden Mährens und werden von den Flüssen Thaya, Svratka und Jihlava gespeist. Ich meine den mittleren Stausee. Er hat seine ökologische Balance verloren und wurde zur Schutzzone erklärt. Schwimmen ist in ihm verboten, und alles andere auch.

Am schönsten ist der östliche Stausee. Die Pollauer Berge fallen recht steil in sein Südufer. Der See wirkt seicht, leuchtend hellgraue Baumgerippe ragen aus dem Wasser. Eingemottete Campingkolonien säumen das Ufer, in den Winzerdörfern werden neue Hotels gebaut.

Geschwommen bin ich bereits im westlichen See. Ausflügler werden dort mit Bungalows, Campingplätzen, Eisdielen, Würstelbuden, Tretbooten, mit einem Terrassen-Restaurant und mit einem Strand versorgt. Schwimmen ist erlaubt. Nur einmal haben die Mädels gekreischt, als ihnen ein fetter toter Fisch in die Arme trieb.

Der mittlere Stausee ist bestimmt der unansehnlichste. Die flachen Ufer sind schilfbestanden, und dass das Wasser nicht gesund ist, glaubt man gerne. »Nové Mlýny II« trägt aber diese Insel, und diese Insel trägt die Kirche mit ihrem provozierend intakt wirkenden Ziegeldach. Und er hat ein ganzes Dorf überflutet. Wenn ich außer schwimmen auch tauchen könnte, würde ich tauchen wollen, in die Gassen von Muschau hinein, durch Muschaus Scheunentore hindurch. So stelle ich mir das vor.

Gleich drei Mal wurden Menschen von hier fortgeschafft: Nach 1945 wurden die Muschauer vertrieben. In den Siebzigern mussten die tschechischen Neusiedler weichen. Und zuletzt – ihr Leid sei hintangestellt – traf es die Schwimmer, Surfer und Touristen.

Von Mušov blieb der Name eines Freizeitkomplexes: Mušov Rekrea. Der noch recht junge Rezeptionist erzählt mir, dass er früher einmal auf der Insel gewesen sei. Wenn der Wasserstand niedrig ist, kann man den Verlauf der alten Straße erkennen, die von Wien nach Brünn geführt hat und dabei durch Muschau durch. Und wie ist es in der Kirche? In die hat er sich nicht getraut. »Die zu betreten, ist zu gefährlich. Da könnte einen ein herunterfallendes Mauerstück erschlagen.«

Pater Leo, der alte Mönch aus Brünn, hat mir erzählt, dass er Muschau vom Durchfahren gekannt hat. Und auch das tschechisch besiedelte Mušov hat er vom Durchfahren gekannt. Sie hätten die tschechischen Neusiedler abschätzig »zlatokopy« genannt, »Goldgräber«.

Pater Leo fand einen zweisprachigen Katalog seiner Diözese aus dem Jahre 1904: »Muschau, 655 Katholiken, keine Nichtkatholiken, keine Juden. Lingua germanica, deutsche Sprache. Pfarre seit 1276. Kirche dem Heiligen Leonhard geweiht. Post im Ort, Eisenbahn in Branowitz.«

Vielleicht schwimme ich besser auf einer Luftmatratze zur Insel. Damit ich mir Klamotten mitnehmen kann. Wäre es auch hundertmal entweiht, will ich ein Gotteshaus nicht in der Badehose betreten. Vielleicht schwimme ich in der Vorsaison hinaus, im Juni, an einem Montagmorgen, um fünf Uhr früh. Da dürfte mich keiner sehen.

Die Markomannen

In der Lateinstunde waren sie die Bösen. Während sich die Römer an ihrer Zivilisation berauschten, machten die Markomannen Ärger. Die Römer hatten südlich der Donau Carnuntum stehen, eine Metropole mit 50.000 Einwohnern, die drittgrößte Stadt des Imperiums. Nördlich der Donau hausten die Markomannen und griffen das Imperium unablässig an. Einmal holten die Römer sogar Löwen. Das war schlau kalkuliert: Den abergläubischen Barbaren sollte solch ein Schreck in die Glieder fahren, dass sie sich nie wieder an die Donau wagen würden. Nur waren auch diese Katzen wasserscheu, und die Löwen erreichten das nördliche Ufer nie. Ihrerseits von anderen germanischen Stämmen bedrängt, griffen die Markomannen weiterhin an. Später integrierten sie sich.

Und doch will mir scheinen, dass sie nicht ganz im Nebel der Geschichte verschwunden sind. Heute trennt die Donau nur zwei niederösterreichische Bezirke, Gänserndorf und Bruck an der Leitha, und ich will nicht gleich von einer Kulturgrenze sprechen. Aber da ist etwas. Etwas ist anders, im Norden, die slowakische Grenze hinauf, im flachen Land zwischen Wien, Donau und March. Es muss noch Markomannen geben.

Es ist gewiss zu früh, südlich der Donau die Wiedergeburt Carnuntums auszurufen. Bislang ist Carnuntum eine Ausgrabung, eine Weinmarke und ein Café selbigen Namens. Dort bin ich manchmal gesessen, an faulen Sonnntagnachmittagen, umgeben von gepflegten Pensionistinnen, die das Kurhaus Bad-Deutsch-Altenburg frequentieren. Ein Bekannter, den ich dort traf, will im Ort einen Herrn gesehen haben, der sein Haustier an der Leine Gassi führte, und zwar eine Taube. Ich habe das nicht gesehen.

Ich sehe hingegen Anzeichen, dass irgendwo um Hainburg, Wolfsthal, Prellenkirchen und Kittsee herum ein neues Carnuntum zusammenwächst, sanft und leise, eine würdige österreichische Fortsetzung des slowakischen Häuserdschungels, mit reizenden Kellergassen. Die Chance lebt, vielleicht weil die Grenze großteils über Land und nicht durch einen Fluss verläuft.

Aber nördlich der Donau hausen die Markomannen. Sie bleiben gern unter sich, mögen keinen Verkehr, keine Industrie und keine Brücken hinüber zu den Slawen. Sie betrachten Angehörige fremder Stämme beim Ritual des Spatenstichs. Sie greifen nicht zu den Waffen, aber ihre Druiden murmeln beschwörend »Umweltverträglichkeitsprüfung«, und siehe da, es wirkt.

An der Oberfläche haben sie das Christentum angenommen, hängen aber im Innersten ihrer Naturreligion an. Sie heiligen ihre Tiere. Sie ehren die Weißstörche, bringen ihren Hochwasserschutz den Biberratten als Opfer dar, und in Hohenau bauen sie ihren Kröten Tunnel. Weil ihre Liebe eine allumsorgende ist, führen sie die Kröten mit Amphibienzäunen an die 29 Tunnel heran. Obwohl sie zur Sesshaftigkeit übergegangen sind, haben sie noch 2006 Zelte aufgeschlagen und im Auwald der Lobau ihren Brauch der Wintergrillage gepflegt.

Die Welt dieses alten Volkes ist aber längst nicht mehr heil. Selbst in ihrem Stammland geraten sie in die Minderheit. Es sind bereits brave ÖVP-Mitglieder auf die Straße marschiert, für den Bau der Autobahn A5, gegen den althergebrachten Kult. Und ein Hohenauer hat sich frech empört: »Was kommt als nächstes? Die Kröten-U-Bahn?«

Noch gibt es sie, die Markomannen. Wenn sie aber nicht Minderheitenschutz beantragen, sehe ich für ihre Zukunft schwarz. Zunächst müssen sie sich ihrer Eigenart bewusst werden. Und dann brauchen sie ein Reservat.

Lobau Love

An den Ostrand Wiens schließt sich eine niederösterreichische Großgemeinde an, in der liegt das einzige Autokino Österreichs. Groß-Enzersdorf wurde von Hussiten, Ungarn, Schweden und Kuruzzen gequält, von Türken eingeäschert, von Franzosen in Brand geschossen. Zur Zeit der Kumanenstürme flohen die Einwohner in Erdställe. Verglichen damit ging die Aubesetzung vom Winter 2006 glimpflich aus.

Durchschnittlich dreißig Umweltschützer haben vom 1. November bis zum 19. Dezember 2006 am Enzersdorfer Zugang zum Nationalpark Lobau campiert. Gegenstand des Protests waren Probebohrungen, die für die geplante Untertunnelung der Lobau angekündigt waren, für ein Teilstück der Schnellstraße S1, der später auf 2011–2017 verschobenen Nordostumfahrung Wiens.

Im Sommer danach lasse ich mich an den Schauplatz führen. Mein Guide ist Wolfgang Rehm, 41, Wissenschaftler in Wien, Nebenerwerbsbauer in Marchegg, Umweltaktivist seit 23 Jahren und einer der Organisatoren der Aktion. Ja, ein Häuptling der Markomannen.

Der Mann mit der wallenden Mähne weiß, dass ich auf die Straßen und Brücken hoffe, die er mit

Witz und Ausdauer bekämpft. An jenem verregneten Sommertag versucht er mich zu überzeugen. Ich biete ihm an, mich einen Betonierer zu nennen, und er setzt sich der Heimtücke meiner Fragen aus.

Der Schauplatz ist nicht weit. Auf den mitgebrachten Fotos zeigt mir Rehm eine Barrikade, aufgeschichtet aus eingesammeltem Totholz der Lobau. Die Wiese, auf der damals drei Dutzend Zelte standen, ist reizvoll gelegen. Hinten der Ort, vorne der Auwald. Alle paar Minuten dröhnt, im Anflug auf Schwechat, ein Flugzeug über uns. »Ganz schön laut, oder?«, sagt der Öko und blinzelt den Betonierer listig an.

Die Wiese mündet in den »Groß-Enzersdorfer Arm«, einen stillen Weiher, ausgewiesen als »Naturbadeplatz«. Im Wasser pflegen zwei Schwäne sanft ihre Beziehung. In diesen Weiher ist seinerzeit ein Aktivist gesprungen, erzählt Rehm, am 8. Dezember, am inoffiziellen Gedenktag von Hainburg.

Das bringt mich auf eine Frage. Zwei Faktoren, leite ich ein, sprachen für den Erfolg der Aktion: Erstens war die öffentliche Meinung im Zuge der Klimawandel-Berichte positiv gestimmt, und zweitens gab es eine attraktive Location, bequem aus Wien zu erreichen. Warum wurde kein zweites Hainburg daraus?

Lag das daran, dass die Verkehrspolitiker die früher erwogene Schneise verworfen und die viel kostspieligere Variante eines achteinhalb Kilometer langen Tunnels unter Donau und Nationalpark gewählt hatten? Lag das daran, dass die Lobau, die mit Ölhafen und landwirtschaftlicher Nutzung ohnehin kein Urwald ist, durch Probebohrungen nur geringfügig beeinträchtigt wird?

Rehm konzentriert seine feingliedrigen Hände. Die »Mahnwache in der Au« sei ein Erfolg gewesen, erklärt er mir, in einem »dialektischen« Sinn. Zwar ist bereits am 23. November das erste Bohrgerät in die Lobau gelangt, versteckt in einem Konvoi von Dammbau-Fahrzeugen, vorbei am »Checkpoint« der Aktivisten, die ein anderes Gerät, nämlich den behördlich genehmigten Raupenbohrer, erwartet hatten. Zwar wurde nach dem Abzug der Aktivisten ungestört gebohrt.

Aber dem Mann, der noch nie ein Auto besessen hat, geht es um mehr. »Verkehr und Klimawandel hängen zusammen«, argumentiert er, »man muss die Verkehrsentwicklung in den Griff bekommen. Die Frage, ob es induzierten Verkehr gibt, ist mittlerweile unumstritten.«

Verkehrswende, das ist ein Argument. Damit er nicht nur meinen Verstand, sondern auch mein Herz erreicht, frage ich Rehm ein Letztes: Wie war denn die Stimmung im Camp? Was ging ab? Haben sich Paare gefunden?

Die Frage macht ihn ein wenig mürrisch. Er hatte alle Hände mit der Organisation zu tun, und die Sache ist ihm ernst. Er weiß zu gut, dass die Umweltbewegung nicht mehr das Kühne, Rebellische, Wilde ausstrahlt, das als Teenager auch mich angezogen hat. Angeheuerte Promoter setzen in den Fußgängerzonen Daueraufträge ab, und da die Aktivisten auf Basis der zahlreich eingeführten Umweltgesetze argumentieren, klingen ihre Reden oft bürokratisch, winkeladvokatisch, spießig.

Schließlich gibt er doch Auskunft: »Ich habe jedenfalls keine Brunftschreie durch die dicken Zeltwände dringen gehört.« Auf der Ostautobahn, fügt er hinzu, habe sich mehr getan.

Lundenburg Thrill

Ein Bekannter von mir hat eine Geliebte. Da er seinerseits ihr Geliebter ist, müssen wir von einem doppelt unsauberen Verhältnis sprechen. Das ist aber nicht der Punkt.

Die beiden wissen nie, wo sie einander treffen sollen. Sie interessieren sich nicht für das, was mein Bekannter verlegen den »ehemaligen Osten« nennt, aber einmal hat er mich gefragt, ob ich ihm drüben einen Ort empfehlen kann. Etwas über der Grenze, für eine Nacht nur, für eine Liebesnacht im Hotel. Es sollte nicht weit von Wien sein, mit der Bahn zu erreichen, »aber nicht mit dem Pemperlzug!«, und man sollte auch schnell wieder wegkommen. Es sollte am Zielort so ausschauen, dass er sich vor der Frau nicht zu genieren braucht, aber touristische Attraktionen bräuchten sie nicht. Sie würden nur füreinander Augen haben.

Ich habe ihm Břeclav empfohlen. Das Städtchen liegt 89 Kilometer von Wien, die Eurocity-Züge nach Prag und Warschau halten dort, und es gibt reichlich Pensionen. Viele Jahre habe ich Břeclav nur aus stehenden Zügen heraus gesehen, und viele Jahre habe ich es für überflüssig erklärt, für eine Schikane des Schienennetzes, für eine Bahnhof gewordene Bosheit der tschechischen Provinz.

Später bin ich ein paar Mal hinein gewandert, in die mir gänzlich unaussprechliche Stadt, die früher einen dunklen deutschen Namen trug: Lundenburg. Břeclav hat mich angenehm überrascht, ich empfahl es guten Gewissens weiter.

Die beiden fuhren in der trüben Jahreszeit, und da es die ganze Zeit finster war, wussten sie über den Reiz der Strecke nichts zu sagen. Vom Rest seiner südmährischen Nacht hat mir mein Bekannter erzählt. Ganz glücklich hat er nicht gewirkt. Intime Details hat er vornehm ausgespart, und sollte sich etwas Sexuelles in meine Nacherzählung schleichen, dann ist es meiner Fantasie entsprungen. Das kann gar nicht anders sein, denn ich kenne meinen Bekannten nur schlecht und seine Geliebte gar nicht.

So steigt also das junge Paar aus dem Zug, eine Stunde nach Wien. Sie sind angenehm von der Gewissheit erregt, etwas Ungewöhnliches zu tun, und sie nehmen sich wahrscheinlich an der Hand. Sie lassen die halb renovierte Tristesse des Bahnhofs hinter sich und spazieren nach Lundenburg hinein. Vor ihnen erstreckt sich eine nächtliche, ruhige Kleinstadt.

Sie durchstreifen eine breite grüne Promenade und bemerken eine auffällige Häufung von »Herna-Bars«. Mein Bekannter schaut in eine dieser Bars hinein und erklärt seiner Geliebten, dass es sich nur um Spielautomaten handelt.

Sie überqueren die Thaya, umrunden die neu errichtete Stadtkirche und gelangen zwischen toten Thaya-Armen in einen alten, verwachsenen Park.

Es ist dunkel im Park. »Total verwunschen«, sagt sie und drückt seine Hand fester. Hier sind nur noch die beiden, der Mann und die Frau. Aus der Finsternis schälen sich zwei Gestalten heraus. Die Gestalten kommen auf unser Paar zu. Ihr ist nicht wohl dabei, und ihm ist auch nicht wohl. Es zeichnet sich ab, dass die Nahenden eingehakt gehen. Pärchen erkennt Pärchen, man tauscht mit den Fremden beruhigende Blicke aus, man wandert weiter.

Schließlich finden sie eine Pension. Hinter der Pension ragt ein baufälliges Schloss in die Nacht, mit toskanischen Säulen, einem Arkadengang im Obergeschoß. Zwei Türme, einer davon enthauptet. Vor der Pension parken drei Autos. Sie klingeln nach der Rezeptionistin, und es ist ein Zimmer frei.

Sie zahlen im Voraus und werden von der lächelnden Rezeptionistin ins Freie geführt. Über ein blickdicht abgemauertes Gartenstück erreichen sie das Zimmer. Sauber und zweckmäßig, die Bettwäsche ist geblümt. Sie essen im angeschlossenen Kellerrestaurant zu Abend. Sie verhehlen voreinander nicht, dass sie sich über die günstige Übernachtung freuen.

Sie kehren ins Zimmer zurück. Der Mann dreht die Heizung höher und wirft sich auf das Bett. Die Frau geht duschen. Jetzt sind sie ungestört.

Der Mann macht den Fernseher an, der hoch im Eck montiert ist. Es gibt keine Fernbedienung. Rasch geht er die wenigen Kanäle am Gerät durch. Der letzte Kanal zeigt ein grießiges Schwarzweißbild ohne Ton. Nichts bewegt sich drauf.

Barfuß kommt die Frau aus dem Bad. »Schau dir das einmal an!«, sagt er. Sie sieht sich das starre Bild aus der Nähe an, runzelt die Stirn. »Das ist der Parkplatz der Pension«, stellt sie fest. »Das sind die drei Autos, die hinter der Gartenmauer stehen.«

Der Mann geht duschen. Die Frau stellt sich zum Fernseher, schaltet den Parkplatz weg und legt sich ins Bett. Sie lässt irgendeine Show laufen, sieht aber nicht hin. Aus der Dusche heraus fragt der Mann, was denn gerade auf dem Parkplatz passiert. Sie steht auf, macht das Bild der Überwachungskamera wieder an und ruft ins Bad: »Natürlich nichts.«

Er kommt heraus, legt sich zu ihr ins Bett, umfasst ihre Hüfte und küsst sie. Sie dreht sich zu ihm, streicht durch sein Haar. Er springt auf, macht das Deckenlicht aus. Eine matte Nachttischlampe bleibt an. Sie ziehen einander aus.

Es ist still. Gleichmäßig surrt der Heizkörper, beinahe unhörbar säuselt die Röhre des Fernsehers. Die beiden sind nackt und frösteln ein wenig. Sie ziehen die Decke, auf der sie liegen, über sich.

Der Abglanz des Fernsehers flackert unruhig

auf. Etwas bewegt sich. Ein Lichtkegel wandert in einem Bogen über die parkenden Autos. Gebannt sehen sie hin. Der Lichtkegel wandert weiter. Ein Auto rollt ins Bild, deutlich zu erkennen. Es fährt an den parkenden Wagen vorbei, in die Richtung, wo das Schloss sein muss. Es biegt ab, verschwindet aus dem Bild.

Das alte Bild ist zurück, statisch, grießig, ohne Aussage. Unwillkürlich haben sie aufgehört, einander zu berühren. Sie blicken auf den Fernseher, suchen nach einer weiteren Bewegung. Von draußen das Geräusch eines vorbeifahrenden Autos. Das Bild bleibt starr. »Das war das Auto, das wir gerade gesehen haben«, flüstert die Frau. »Jetzt haben wir es hinten vorbeifahren gehört.«

Die Stille ist zurück. Sie zwingen sich, nicht hinzusehen. Sie sehen einander in die Augen. Sie zwingen sich zu einem Kuss. »Eigentlich kann es uns wurscht sein, wenn irgendein tschechisches Auto gestohlen wird«, sagt er. Er sagt es laut und grob, als könnte er das Unbehagen bannen. Die Frau antwortet nicht. »Die Kamera entspannt mich nicht«, sagt sie leise.

Sie macht die Nachttischlampe aus, im Liegen. »Ich steh gleich auf«, sagt er. Er will den Fernseher abschalten. Sie bleiben noch liegen, drücken sich aneinander. Man hängt nicht von diesem Bild ab, bedeutet man sich. Man berührt einander heftiger, fester als sonst. Man ist jetzt so weit. Der Mann reißt sich los, springt auf, eilt zum Fernseher. Das Flimmern muss verschwinden.

Das Bild flackert wieder. »Warte!«, flüstert die Frau, »da kommt einer.« Ein gedrungener Mann taucht am Parkplatz auf. Er geht zu einem Auto, blickt sich beiläufig um, schaut in Richtung der Kamera, greift nach der Autotür. Jetzt läuft es ihnen kalt hinunter.

Der Turmbau von Brabel

In Bratislava weiß keiner recht zu sagen, warum gerade in Bratislava die Wolkenkratzer aus dem Boden schießen. Die Stadt hat nur 425.000 Einwohner, die sich auf einer ähnlich großen Fläche wie Wien verteilen, also kann Platzmangel der Grund nicht sein.

Ich ahne eine Art von Antwort, doch täte ich gut daran, sie für mich zu behalten. Maria Theresia hat den Pressburgern einst geschmeichelt, indem sie Wien eine »hübsche Vorstadt von Pressburg« nannte. Anstatt mir an der Kaiserin ein Beispiel zu nehmen, habe ich öffentlich gesagt, dass es der slowakischen Hauptstadt an Charakter mangle und dass ihr daher ein paar hineingeklotzte Hochhäuser gut zu Gesicht stehen würden. Dass ich mich auf die Hochhäuser freue, habe ich auch gesagt.

Meine Beliebtheit hat das nicht gesteigert. Dennoch will ich mutmaßen, warum gerade die »little big city«, als die sich Bratislava anpreist, zum Dubai Mitteleuropas heranwächst. Vier, fünf Faktoren scheinen mir zu einer Erklärung beizutragen. Da wäre zunächst die enthemmende Wirkung eines Tabubruchs. Im Unterschied zu den Genossen in Prag, Brünn und Budapest haben Bratislavas Kommunisten die Axt an ihre Altstadt gelegt. Wo sonst schmiegt sich eine vierspurig herausbetonierte Lastenstraße an den Dom einer Stadt? In der Marktwirtschaft kam die Eigendynamik von Investoren hinzu, die einander gegenseitig zu überbieten suchten. Als weitere Gründe gebe ich an: besonders biegsame Bezirksräte, eine besonders passive Öffentlichkeit und das besonders gering ausgeprägte kulturelle Selbstwertgefühl der slowakischen Nation. Damit habe ich bestimmt wieder zu viel gesagt.

Ich wollte wissen, wie üppig die Skyline tatsächlich ausfallen wird, und habe im Pressburger Rathaus Štefan Šlachta besucht. Der würdige Professor ist »Hauptarchitekt« der Donaustadt. Der Reiz seiner Aufgabe liegt darin, dass das Amt geschaffen wurde, als es zu spät war.

Wie die meisten Pressburger sieht Šlachta den Drang ins Vertikale kritisch. Er fürchtet, dass der Verkehr aus den fünfgeschoßigen Tiefgaragen die Straßen vollends verstopft. »Ich kämpfe vor allem gegen Hochhäuser für Wohnzwecke«, sagt er in seinem gepflegten Deutsch.

Dabei streut er ein, dass keiner der aufschießenden Residence-Towers die Wohnqualität des Plattenbaus in Petržalka erreicht, in welchem er aus Überzeugung wohnen bleibt. Ich kenne diese Wohnungen. Sie haben vier Zimmer, eine geräumige Loggia, einen praktischen Zuschnitt, viele sind im Kreis begehbar, und da die Fenster auf beide Längsseiten des Plattenbaus hinausgehen, haben sie vom Morgen bis zum Abend Sonne, Luft und Licht. Wenige Slowaken sprechen das aus, der Hauptarchitekt hatte aber recht und wurde mir sympathisch.

Wir haben uns über Pläne und Listen gebeugt, anderthalb Stunden lang. Wolkenkuckucks-Projekte abgerechnet, werden 2011–2012 in Bratislava dreißig bis vierzig Hochhäuser stehen. Östlich der Altstadt, zwischen Donau und Autobusbahnhof, um »Twin-City« und »Panorama-City«, kommt es zu einer gewissen Verdichtung von voraussichtlich siebzehn Stück. Es entstehen Büroflächen für 70.000 neue Angestellte. »Wo nehmen wir die her?«, fragt Šlachta spöttisch, der aber auf seine alten Tage aufgekratzt wirkt.

Trotz der geringen Machtfülle ist der Job aufregend. Der Hauptarchitekt ist fast täglich in den Medien, er wird international herumgereicht. Die Developer von »Twin-City« kündigten an, dass ihnen Norman Foster einen Wolkenkratzer baut, die Developer des 39-Etagen-Twin-Towers »Panorama City« hielten ihren Stararchitekten Ricardo Bofill bis zur Grundsteinlegung geheim.

Wolkenkratzer ist freilich relativ. Šlachta spricht lieber von einem »Westentaschen-Manhattan«, denn die Masse der Hochhäuser wird dann doch nur 80 bis 110 Meter hoch. Keine schlanken Grazien, eher stämmige Schränke. Also wird Bratislava so aussehen: eine weitläufige Großstadt, aus deren Weichbild auffällig viele Solitäre stoßen, wie die breiten Zahnstummel eines gemächlich mahlenden alten Tiers. Und doch kann ich es kaum erwarten.

Im Rosengarten

Lange zog mich der Ort an, eine kleine Insel in einem großen Stausee. Oft fuhr ich an diesem See vorbei und sah im fernen Dunst die Insel, auf der verloren ein Kirchlein stand.

Ich war so gebannt, dass ich im Winter in der Zeitung schrieb, ich würde im Sommer zu der Insel schwimmen. Darauf meldete sich ein Leser und bot mir sein Schlauchboot an. Am Pfingstmontag 2007 erfüllte sich mein Wunsch, wir ruderten zu dem verlassenen Ort. Was ich fand, war so schön, dass ich fast nicht drüber schreiben sollte.

Die Insel liegt im südmährischen Stausee Nové Mlýny, einer Kaskade von drei zusammenhängenden Wasserflächen, die sich über 32 Quadratkilometer erstrecken. Sehr viel mehr wusste ich nicht, als wir frühmorgens das Schlauchboot aufgeblasen haben, ein hochmodernes, hundertventiliges, von Ingenieuren der US-Marine entwickeltes Prachtexemplar der menschlichen Seefahrt.

Ich wusste hauptsächlich, dass im Stausee Nové Mlýny II jedweder Wassersport verboten ist. Davon kündete die Verbotstafel, die schief vornüber gebeugt am Nordufer des durchgehend verschilften Sees stand. »Naturreservat, Betreten verboten«, stand da auf Tschechisch, »§ 34 des Gesetzes 114/1992 sb.«

Weiters wusste ich, dass der in den siebziger Jahren aufgestaute Zusammenfluss von Thaya, Schwarzach und Igel ein Dorf versenkt hat: Muschau, bis 1945 von 700 deutschsprachigen Südmährern besiedelt.

Es hat an jenem Montag ein furchtbarer Wind geblasen. Weil der Wellengang am Südufer ruhiger schien, ließen wir das Boot dort ins Wasser, doch bald schaukelten wir wie die Nussschale im Ozean. Kurz nach dem Ablegen zog sich mein Kapitän seine orange leuchtende Schwimmweste an, und noch einmal kurz darauf hätte er die Umkehr vorgezogen. Er hat gerudert, ich suchte mit dem Steuerruder Kurs zu halten und herausragende tote Äste zu umschiffen. Um der Wahrheit die Ehre zu geben, waren wir nicht Herr des Geschehens. Es hat uns zu der Insel getrieben.

Die Landung schien schier unmöglich. Auf einer winzigen Nebeninsel kreischten Hunderte Möwen über gischtumtosten Baumstümpfen. Die Insel mit der Kirche war von Schilf umgeben, dahinter zugewuchert von einer prallen Vegetation, die ich botanisch nicht benennen kann, eine Art lindgrünes Riesengras, vier oder fünf Meter hoch, den Blick auf die Kirche versperrend. Mit Mühe paddelten wir ans windgeschützte Ufer, zogen das Boot ins Schilf und bahnten uns durch das baumhohe Unkraut einen Weg, der ein paar Meter bergauf ging.

Und plötzlich war es zauberhaft. Plötzlich war

es sonnig und still, kein Lüftchen hat mehr geweht. Wir standen zwischen üppig blühenden Rosensträuchern, und die Kirche lag vor uns. Eine Kirche romanischen Ursprungs, mit abgeschlagenem Putz, aber als Bauwerk intakt. Keuchend und durchnässt stolperten wir aus dem Sturm in die Lieblichkeit eines wilden Rosengartens.

Der Kirchturm war zugänglich. Geduckt stieg ich durch eine enge eiserne Wendeltreppe in den Turm hinein, dann über eine breitere Holztreppe den Turm hinauf. Ich ging langsam, mir war mulmig, mein Kapitän war lieber draußen geblieben.

Oben angekommen, unter dem intakten Turmdach, stand ich wieder im Wind, der durch die Fenster pfiff. Ein hölzerner Fensterladen lag herausgebrochen in der Turmkammer, wie das Gerippe einer gestrandeten Barke. Der Ausblick war herrlich, die Seenlandschaft, die Möwen, die Pollauer Weinberge.

Ich stieg hinunter und betrat die Kirche. Sie war vollkommen leer geräumt, eine Schicht aus zerbröseltem Putz bedeckte den Boden. Gleich am Eingang lag ein behauener Stein, die Inschrift war deutsch. Ich konnte nur den Schluss entziffern: »Heiland ewiglich. 1850.«

Die Wände waren stellenweise bis aufs Ziegelwerk freigelegt, ein paar wenige Wandgemälde waren noch zu sehen, vielleicht der Muschauer Schutzheilige, der Viehheilige Leonhard. Vom Deckenfresko machte ich noch einen knieenden Engel aus.

Um auf den Chor zu gelangen, musste ich mich draußen durch dorniges Gestrüpp schlagen; der Zugang zu dem eisernen Wendeltreppchen war vollkommen verwachsen. Alle Wände des Chors waren von Besuchern eingeritzt. Meist tschechische Vornamen, »Marcela, Monika, Mira, Lenka, Radka«, aber auch »21.08.1991: Karsten, Jörg, Uwe, Jana«. Oft waren Ortsnamen hinzugefügt, meist aus der mährischen Umgebung, und Daten: 15.07.1988, 30.07.1989, 18.03.1990. Beinahe alle Einträge stammten aus der Zeit vor 1994, als Nové Mlýny II für die Öffentlichkeit gesperrt worden ist.

Die Kirche war trocken, und sie roch gut. Obwohl die Kirche kein Gotteshaus mehr ist, hatte ich nicht das Gefühl, an einem entweihten Ort zu sein. Unter all den Inschriften fand ich keine einzige, die schmähenden oder anzüglichen Charakters war. In der Kirche lag keinerlei Müll herum.

Ich zündete dort, wo einmal der Tabernakel gewesen war, eine Kerze an und ging zu den wilden Rosen hinaus, zu meinem Kapitän, der mit entzücktem Gesicht im Gras saß. Wir malten uns aus, wie das Dorf Muschau ausgesehen haben mag. Erst später sollte ich von Zeitzeugen erfahren, dass wir uns in einigem getäuscht hatten.

So hielten wir die Muschauer Insel für den Rest des Kirchbergs, doch wurde sie von den kommunistischen Machthabern absichtlich bewahrt, mithilfe der künstlich aufgeschütteten Böschung, durch deren Bewuchs wir uns geschlagen hatten. Wir wussten nicht, dass das Dach nach der Wende erneuert wurde, weil die Ziegel gestohlen waren.

Wir wussten nicht, dass das Dorf, bevor es geflutet wurde, geschleift worden war. Die tschechischen Neusiedler, die nach einer Generation das Dorf wieder verlassen mussten, haben die Häuser selbst abgetragen. Viele haben mit dem Baumaterial ganz in der Nähe, im Dorf Pasohlávky, ein neues Muschau gebaut. Es heißt auch so: »Nový Mušov«.

Und ich kannte, als wir verzückt in der Windstille standen, noch nicht Marie Landauf, Muschauerin des Jahrgangs 1916, die mir von ihrem Dorf erzählt hat. 1960, fünfzehn Jahre nach ihrer Vertreibung nach Österreich, hat Frau Landauf ihr mittlerweile tschechisch gewordenes Dorf besucht. Der unbekannte Tscheche, der in ihrem Elternhaus lebte, habe sie »sehr geehrt«, hat sie mir erzählt. »Er hat sich vor mich gekniet und sich mit den Worten entschuldigt: Ich muss vertschechisieren.« Was aus ihm geworden ist, weiß sie nicht. Nový Mušov hat sie nie besucht. »Es ist ein ungutes Gefühl, man ist zu Hause und fühlt sich doch fremd.«

Das alles wussten wir nicht, als wir beseelt ins Schlauchboot stiegen und uns auf dieselbe Weise von der Insel entfernten, wie wir gekommen waren

– durch Treibenlassen im aufgewühlten See. Wir landeten glücklich am Nordufer, genau bei der Verbotstafel, die uns als günstiger Anlegeplatz bekannt war. Wir zogen die Stöpsel aus den hundert Ventilen. Dann mussten wir nur noch die fünf Kilometer zum Auto wandern.

Abschied von Piroschka

Der Mensch ist im Zeitalter des Internets durchsichtig geworden. Einige Berufsgruppen trifft das besonders, zum Beispiel Autoren oder Prostituierte. Wer Texte publiziert, konnte noch vor wenigen Jahren hoffen, dass sich die misslungenen Sachen rasch verlieren. Heute findet sich der letzte Dreck im Netz.

Auch Prostituierte sind unfreiwillig gläsern. Was noch vor wenigen Jahren auf private Herrenrunden beschränkt war, erweitert und vervielfältigt sich nun im virtuellen Raum: das Gespräch von Freiern, die sich über Prostituierte austauschen. Die Männer tun das in elektronischen Sexforen. Dort bleiben sie anonym, entsprechend freimütig äußern sie sich.

Einmal bin ich auf erstaunlichen Wegen in ein Wiener Erotikforum geraten, in die Aufzeichnung eines längst ausgelaufenen Sexkunden-Dialogs. Die Beiträge stammten aus den Jahren 2004 bis 2006, das Internet speichert auch Derartiges auf Jahre. Was vor meinen Augen abrollte, war eine vielstimmige Erzählung von Dutzenden Seiten, mal roh und verächtlich, mal sachlich und berechnend, mal prahlerisch und naiv.

Ort der Handlung war eine Hüttensiedlung in Levél, einem nordwestungarischen Dorf, dem zweiten nach der österreichischen Grenze. Die Erzähler nannten sich Priapos, Netspezi, Mörty, Stefan_39 oder Onkel Dagobert. Der Grundton war lässig, alle verglichen die Preise, und aus Verbformen wie »waschte« und »blaste« ging hervor, dass nicht alle Beteiligten deutscher Muttersprache waren.

Die Heldin unter den beschriebenen Prostituierten war »Piroschka«. Einig waren sich die zahlreichen Erzähler nur darin, dass die junge Ungarin ungern den BH ablegt. Ansonsten gingen die Meinungen der Männer, die nacheinander Piroschkas Kunden gewesen waren, auseinander. »Man kann in Levél sicherlich gut und günstig zu seinem Vergnügen kommen«, urteilte einer. »Nach einer HALBEN Stunde wurde sie ganz nervös und hat aufs Beenden gedrängt«, schimpfte ein anderer, »und das obwohl ich 100 gelöhnt hatte.« Die anatomischen Beschreibungen will ich nicht wiedergeben. Sie waren sehr genau.

An einem Samstag bin ich nach Levél gefahren. Ob es uns gefällt oder nicht: Das Bild, das männliche Österreicher von den Nachbarn haben, setzt sich oft allein aus solchen Begegnungen zusammen. Die meisten Sexdestinationen liegen im Grenzsaum der Tschechischen Republik. Dort hat die Prostitution ganze Landstriche übernommen, wie etwa das »globale Dorf« Chvalovice, dessen 400 Einwohner von riesigen Puffpalästen umschlossen sind. Davon werde ich noch berichten.

Auch Ungarn stand einmal im Ruf des Milieus. Ich wollte wissen, ob es um das ungarische Gewerbe still geworden ist. Ich wollte sehen, ob es den Zielort der verstummten Erzähler überhaupt noch gibt. Ich wollte ein Interview mit Piroschka.

Levél liegt zwischen einer Autobahn, einer Bahnlinie und aufwändig aufgeschütteten Schnellstraßen für den Schwerverkehr. Die verschiedenen Quellen des Verkehrslärms verschmolzen zu einem einzigen Grundrauschen, einem Dröhnen. An der zweisprachigen Ortstafel ersah ich, dass das Dorf einmal deutsch besiedelt war: Levél/Kaltenstein. Es gibt eine katholische Kirche, eine evangelische Kirche und drei Tankstellen.

In der Umgebung, welche die Deutschen Heideboden nannten, stehen zwei Windparks. Es blies ein kräftiger Wind, und die Windräder des einen Windparks rotierten munter. Die zwölf Windräder hinter der Schnellstraße standen unbewegt, gleichsam mit angezogenen Handbremsen da.

Eine abgetakelte Tankstelle ist der Hüttensiedlung vorgelagert. Dort stoppte ein österreichischer Frühpensionist seinen VW-Bus, was angesichts der ungarischen Benzinpreise schon verdächtig war. Er fuhr eine Runde durch die Siedlung, ganz langsam, in Schrittgeschwindigkeit. Dann verschwand er wieder in seine Richtung, in den Bezirk Neusiedl am See.

Ich war zu Fuß und musste mich zum Betreten

der »Expo-City« zwingen. Die ersten Häuschen waren Schuh- und Modeläden, winzig und längst leer geräumt. Die folgenden Häuser waren größer, mit Holzbalkonen, ein paar vielleicht bewohnt. Ein paar Schilder kündeten von Zimmervermietung, aber die Bars und Clubs waren geschlossen.

Ich war schon fast durch, da kam beim »Franz-Turm«, dem Aussichtsturm der Siedlung, eine Frau auf mich zu. Sie war nicht schön, um die dreißig und machte einen ungesunden, abgekämpften Eindruck. Sie bedeutete mir mitzukommen.

»Ist Piroschka da?«, fragte ich verlegen. Sie reagierte kein bisschen überrascht: »Warum alle wollen Piroschka?« Sie machte mir ein Angebot für dreißig Euro und reduzierte es mit dem nächsten Atemzug auf zwanzig, plus fünf Euro für das Zimmer. »Ich will nur reden«, erklärte ich. Auch das hat sie nicht überrascht: »Warum alle sagen: nur reden?«

Piroschka sei nicht da, erklärte sie. Die achtjährige Tochter der Chefin habe Geburtstag, und Piroschka feiere mit. »Wo ist dein Auto?«, fragte sie. »Ich bin mit dem Zug da.« Jetzt war sie überrascht. Ich hatte Angst, sie könnte ihren Preis noch weiter senken, und sagte zu ihr: »Können wir für 25 Euro reden?« Sie führte mich in eins der Häuser.

Das Erdgeschoß des Hauses war ein Schankraum gewesen. Tische und ein Tresen aus billig überzogenen Spanplatten, noch nicht einmal abgenutzt, und doch atmete der leere, ungeheizte Raum Verfall.

Wir gingen nach oben, unter die Dachschräge. Die Tür zu ihrem Schlafzimmer stand offen. Es war eine winzige Kammer mit einem schmalen Futon und einer schräg gestellten Kommode, mit Kosmetika drauf. Sie führte mich in das größere Zimmer, in dem es nichts als eine Matratze gab. Kaum war die Tür zugezogen, hatte sie schon den Pullover ausgezogen und fragte: »Mit oder ohne Gummi?«

Ich gab ihr das Geld, ließ sie den Pullover wieder überziehen, und es war ihr auch egal. Auf der Matratze sitzend, redeten wir. Einmal hupte draußen ein Wagen. »Chefin«, murmelte sie und lief hinunter.

»Zwei, drei Business« habe sie nur noch pro Woche, erzählte sie. Die Kunden seien Österreicher, Türken, auch Ungarn. Es gebe überhaupt nur noch drei Prostituierte in der Expo-City, außer ihr noch eine vierfache Mutter und Piroschka. Sie sei aus Györ, allein, kinderlos. Das Zimmer nebenan koste sie 94.000 Forint. Sie wolle nach Wien, auf die Äußere Mariahilfer Straße. Dort könne sie, glaubte sie, 200 bis 300 Euro täglich machen.

Nach dem Gespräch hat sie mich hinausgeführt. Ich fragte nach dem Briefkasten am Haus. Ja, der Briefträger bringe ihr die Post hierher, zu dem Haus, das zweisprachig angeschrieben ist: »Unter dem Linden«. Die anderen Häuser seien Motels, meinte sie, doch passte mir die Wäsche auf einigen Balkonen nicht ins Bild. Erobert sich das normale Leben den Puffbezirk zurück?

Wir verabschiedeten uns, die Chefin hat sie an der Tankstelle erwartet. Ich ging essen, und eine Stunde später standen die Windräder hinter der Schnellstraße immer noch still, und lautlos glitten die Sattelschlepper im Gegenlicht der untergehenden Wintersonne dahin.

Das Auto der Chefin stand noch an der Tankstelle, beide Frauen waren noch da. Mag sein, vielleicht hat nicht alles gestimmt, was mir die Frau erzählt hat. Oder lässt die Chefin ihr Töchterchen mit Piroschka allein? Ich ging zum Zug, sie winkten mir heftig, und die Chefin hat vor Lachen gewiehert.

Das große Zittern

Im Winterhalbjahr 2006/2007 haben hundert Polen im Marchfeld nach Öl und Gas gesucht. Kurz bevor sie ihre Sachen packten, habe ich sie besucht.

Die polnischen Spezialisten haben nicht nach Öl und Gas gebohrt, sondern den Boden mithilfe kräftiger Vibrationen ausgemessen. Die weltweit tätige Firma »Geofyzika Kraków« hat das im Auftrag der OMV erledigt. Projektleiter war Tomasz Cholewa, ein junger, pausbäckiger, stoppelbärtiger Geophysiker. Er beantwortete meine naiven Fragen mit freundlicher Geduld.

»Wir vibrieren«, beschreiben die Fachleute ihre Tätigkeit im Polnischen. Wenn Cholewa Deutsch spricht, gebraucht er die Redeweise seines Auftraggebers. Das klingt dann so: »Auf dem Golfplatz und im Safaripark dürfen wir nicht zittern.«

In jenem Winter konnte man zwischen Leopoldsdorf und der March nicht das Haus verlassen, ohne auf die polnischen Seismiker zu stoßen. Sie waren fast ohne Unterlass draußen, sechs Tage die Woche, von sechs bis 22 Uhr. Unentwegt kurvten ihre fünfzig Autos durch das windumtoste Ackerland, grüne Landrover, grüne Lada Niva, mit Krakauer Kennzeichen. Vom Lagerhaus bekamen sie Mengenrabatt beim Tanken, der Wirt im Lasseerhof hat täglich aufgekocht, übernachtet haben sie in einem aufgelassenen Wohnheim der Zuckerindustrie.

Die Vermessung der jeweiligen Abschnitte war aufwändig. Die Männer in den leuchtenden Schutzwesten legten 3000 »Geopunkte« an. Für jeden Geopunkt steckten sie jeweils vierundzwanzig »Geofone« in die Erde – Mikrofone, die aufzeichnen, wie die kilometertiefen Schichten auf die Vibrationen reagieren.

Die 72.000 Geofone musste man mit Kabeln vernetzen. Die meisten Tätigkeiten sind einfach, für die einfachsten haben die Polen dreißig Österreicher vom Arbeitsamt bekommen. Oft musste einer ein Kabel hochheben, damit ein Marchfeldbauer auf seinem Traktor durchfahren konnte. Ein anderer musste die Geofone wieder eingraben, die von Wildschweinen ausgebuddelt worden waren. Cholewa bestand darauf: »Ja, ich habe ein Wildschwein gesehen.«

Am slowakischen Ufer der March durften die Polen nicht vibrieren, aber sie durften messen. In Ermangelung einer Brücke warfen sie Seile über den Fluss und schwangen ihre Kabel auf slowakisches Gebiet. »Im Naturschutzgebiet dürfen wir nicht vibrieren«, hat mir Cholewa erklärt, »aber wir dürfen kleine Sprengungen im Erdreich zünden.«

In der angemieteten Lasseer Zentrale war die Stimmung kurz vor Abschluss des Projekts gelöst.

Die liebreizend gelockte Polin, die den Flatscreen am Empfang bediente, hatte die Markenturnschuhe ausgezogen. Ein großer Drucker gab leise rotierend die Ergebnisse der Messungen preis.

Ob sie Öl oder Gas gefunden haben, haben die hundert Polen bis zuletzt nicht gewusst. Die Geräte, die man zur Interpretation der gewonnenen Daten braucht, hatten sie nicht dabei. So weit hat der Auftrag nicht gereicht, die Interpretation ist der OMV vorbehalten, und diese müsste erst einmal bohren. »Das dauert Jahre«, hat mir Cholewa erzählt. »Wenn unsere Arbeit einen Fund ergibt, erfahren wir das oft nur aus der Zeitung.« Freilich ist das Marchfeld noch für Funde gut: So wurde bei Strasshof ein Erdgasfeld bestätigt, das den halben Jahresbedarf Österreichs deckt.

Am Ende der Exkursion fuhr mich Cholewa zu den Vibratoren. Vier weiße Kleinlaster, jeder mit einem massiven Fuß in der Mitte, der mächtig aufstampft, fünfzehn Sekunden lang. Ich stand auf dem Acker, weit und breit nichts als Acker, und stemmte mich gegen den Wind. Und dann habe ich es gespürt. Wir haben gezittert, und das Marchfeld hat gebebt.

Warmes Wasser

Oft will mir scheinen, dass Thermalbäder für Alte und Kranke sind. Obwohl ich noch nicht leidend bin, gehe ich gerne hin. Im Winter, wenn draußen alles starrt und drinnen alles dampft. Wenn draußen das fahlbraune Gras knirscht und drinnen die Schwaden aus dem heißen Becken steigen.

Ja, auch ich habe vor dem Alter Angst. Was mich am ehesten tröstet, ist die Hoffnung auf einen Ruhestand, der mir faule Tage in schweißtreibenden Naturquellen beschert.

In der Gegend konzentrieren sich die Thermalbäder dort, wo Ungarisch gesprochen wird. Oma hat mich auf Mosonmagyarovar gebracht, das ungarische Städtchen im Drei-Länder-Eck zum Burgenland und zur Slowakei, den meisten als Gebiss-Schnitzer-Hochburg bekannt. Meine Großeltern schwören auf ihr Bad in »Moschonmor«, der Enkel fand es aber ungastlich und überlaufen, und das Wasser war ihm nicht heiß genug.

Nach einigen entfernteren Ausflügen habe ich wieder Dunajská Streda gewählt, an einem Montag. Der blaue »Thermalpark« ist klein, außerhalb der Südslowakei kaum bekannt, und er wurde gerade umgebaut. Wie weit es mit den Heilkräften her ist, weiß ich nicht. Das Wasser soll den Bewegungsorganen guttun und wird von 57 auf 36 Grad abgekühlt. Mehr brauche ich nicht zu meinem Glück.

In den neunziger Jahren erwarb sich die graue Bezirkshauptstadt den Ruf, die Hauptstadt der slowakischen Mafia zu sein. Etliche blutige Schießereien haben das unterstrichen, heute droht dem Kurgast nichts mehr in dieser Art. Auf der »Großen Schüttinsel« zwischen Donau, Kleiner Donau und Waag stellt die ungarische Minderheit der Slowakei die Mehrheit dar, in Dunajská Streda/Dunaszerdahely mit achtzig Prozent. Die Leute, die ich auf Slowakisch gefragt habe, haben auf Slowakisch geantwortet. Die öffentlichen Aufschriften sind fast alle slowakisch, nur auf einigen hat man listige Fehler hinterlassen. Etwa so: »Objekt von einem Hönd bewacht.«

Im Zugangsbereich des Thermalparks gibt es eine Bar, die von den größtenteils betagten Kurgästen gemieden wird. Der Koch und die Kellnerin waren jung. Der Koch trug eine Kochmütze aus dem Bilderbuch und hat die Kellnerin liebkost. Als ein Senior gleichmütig vorbeischlurfte, mit wassertriefenden Plastikschlapfen über den Kunststoffgang, klang das nach einer Begegnung der dritten Art.

Als ich in die Herrenumkleide kam, hat sich gerade ein sehr alter Mann angezogen. Er war noch in der Badehose und setzte seine Bewegungen unendlich langsam, gleichzeitig aber nach einem ebenso genauen wie realistischen Plan. Einem 77-jährigen wurde zugerufen, dass er noch »ein junger Bub« sei. Ich ging in die »Rotunde« hinaus, in den runden verglasten Saal, der sich über das runde Thermalbecken spannt.

Im Becken wurde viel geplaudert, bewegt hat sich keiner viel. Alle, die ich verstand, sprachen irgendwann über den slowakisch-ungarischen Konflikt, getragen von einem Duktus weiser, abgeklärter, von der Hitze des Erdquells aufgeweichter Toleranz.

Als mir heiß genug war, stieg ich aus dem Becken. Ich legte mich in einen Liegestuhl und bedeckte mich mit meinem kleinen Handtuch, das nicht groß genug war. Von der Decke fielen Tropfen auf meine nackten Füße, mäßig gekühlte Tropfen. Und von dem gekippten Fenster fielen Tropfen auf meine nackte Stirn, von der Winterluft gekühlte Tropfen.

Ich blieb eine knappe Stunde. Als ich wieder in die Herrenumkleide kam, stand da immer noch der alte Mann. Er war nun fertig angezogen und legte sich sorgfältig die Krücke zurecht. Am Ende hat er mich doch noch eingeholt. Er war vor mir draußen.

6x6 m

»Seien wir fröhlich!«, ließ er in seinen Fabrikshallen plakatieren, der rastlose Fabrikant, der seine Linsengerichte im Gehen aß und seiner Frau im Schlafzimmer Briefe diktierte.

»Das Leben ist kein Roman«, stand auf den Fabriksmauern geschrieben, und anderswo im Stadtbild bekannte der Konzernherr: »Ich kenne keine Ausbeutung, ich kenne nur Mitarbeiter.« Auch auf den Lohnstreifen fand sich Platz für die Aphorismen des Chefs: »Wollt Ihr Geld haben, so lernt es zu verdienen!«

Tomáš Bata, der Gründer des internationalen Schuhkonzerns Bata, holte zwischen den Weltkriegen 20.000 Arbeiter in seinen mährischen Geburtsort Zlín und baute ihnen eine funktionalistische Musterstadt. Die ausgegebene Losung hieß: »Fabriken in Gärten«.

Die ins Grüne geschüttete Industriestadt Zlín entsprang der Vision des autoritären Patriarchen und sollte in den Jahrzehnten danach die Mutter von Dutzenden Bata-Städten werden: Baťovany (Slowakei), Batawa (Kanada), Bataville (Frankreich), Batanagar (Indien), Batatuba (Brasilien).

Während die Sowjetunion mit dem ersten Fünfjahresplan die Industrialisierung vorantrieb, zog Bata seine erste Bata-Stadt auf Basis eines »Zehnjahresplanes« hoch. Sein Zlín, dem er auch als gewählter Bürgermeister vorstand, trat damit in Konkurrenz zum weithin bestaunten sowjetischen Modell. Das blieb in Moskau nicht unbemerkt.

Der sowjetische Schriftsteller Ilja Ehrenburg beschrieb Batas Gegen-Utopie als ein Reich, das nur offiziell Teil der Tschechoslowakischen Republik gewesen sei. »Alle Arbeiterinnen in Batas Betrieb müssen sich zweimal im Monat einer ärztlichen Untersuchung unterziehen«, schrieb Ehrenburg 1931 und fügte polemisierend hinzu: »wie Prostituierte.« Bata habe damit bezwecken wollen, dass ihm die jungen Frauen reichlich Nachwuchs gebären.

»Ohne die Erlaubnis von Bata dürfen die Arbeiter weder lesen noch lieben noch spazieren gehen«, schimpfte Ehrenburg weiter. »So regiert Tomáš Bata, der Schuhkönig, seine zwanzigtausend Sklaven. Von Prag bis Zlín ist es nicht weit, aber die Prager Humanisten ziehen es vor, gegen die Sklaverei in Russland zu protestieren, da das ungefährlicher und einträglicher ist.«

Durchdrungen von seiner Mission einer allumfassenden Arbeiterbeglückung, klagte Bata seine linken Kritiker in Grund und Boden. Den Fehdehandschuh des russischen Juden Ehrenburg nahm der Industrielle noch auf andere Weise auf. Er klebte einen weiteren Sinnspruch auf Zlíns Wände:

»Lest keine russischen Romane – sie berauben Euch der Freude am Leben!«

Am 15. Juni 1932, als er seine Schuhe bereits in sechzig Länder verkaufte, stürzte Tomáš Bata im Nebel ab. Er war vom Firmenflugplatz in Otrokovice gestartet und fand auf Firmengrund den Tod. Die Firma übernahm sein Halbbruder Jan Antonín. 1939 flohen die Batas ins Exil und führten den Konzern in Übersee fort.

Die Kommunisten verstaatlichten Zlíns Schuhfabriken unter dem Namen »SVIT« und nannten die Stadt zwischen 1949 und 1990 »Gottwaldov«. Ich fuhr hin, um zu sehen, was von der Bata-Stadt geblieben ist.

Heute wird Bata wieder geehrt, Hauptstraße und Universität sind nach ihm benannt. Der Raum Zlín ist ein hoch industrialisiertes Siedlungsband, hunderttausend Einwohner stark. Am östlichen Ende dieses Bandes liegt Vizovice, wo Rudolf Jelinek seinen Sliwowitz brennt, am westlichen Ende Otrokovice, das die tschechischen Rechtsextremen zum Zentrum des vaterlandslosen, drogensüchtigen Jungbolschewismus erklärt haben.

Am Tag, bevor ich Zlín besucht habe, sind sie wieder in Otrokovice aufmarschiert. Rechts 250 vom »Nationalen Korporativismus«, links 300 von der »Antifa«. Mittendrin die Polizei, darüber ein Polizeihubschrauber, fünf Festnahmen, ein Verletzter.

Am Morgen danach liegt Otrokovice wieder in seiner friedlichen Ödnis da, zwischen Reifenwerk und Containerzügen, als wäre nichts geschehen. Ich steige in die eingleisige Stichbahn, welche die längliche Stadt Zlín der Länge nach durchquert. Der rote Triebwagen zieht gemächlich durch die Stadt, oft knapp an ihren Bauten vorbei. Ein paar Mal kommt mir vor, wir würden auf die Kassa des »Interspar« oder auf eine Kohlehalde zufahren. Das Zentrum ist dort, wo die meisten Schlote rauchen. Ich fahre weiter und steige in der Wohnsiedlung Podvesná aus.

Zur Unterbringung seiner Arbeiter ließ Tomáš Bata einige wenige Häusertypen entwerfen, die in beliebiger Anzahl auf die Wiese gestellt wurden. In Podvesná stehen die Häuser des Moduls, das zum Klassiker geworden ist. »1927« ist ein einstöckiger Quader mit Flachdach und roter Backsteinfassade. Der Grundriss beträgt jeweils 6,15 mal 6,15 Meter. Das Häuschen wird von zwei Parteien bewohnt. Durch die Mitte des Quaders ist eine Wand gezogen, man wohnt auf zwei Etagen. Für jede Familie gibt es einen halben Keller, ein halbes Erdgeschoß, ein halbes Obergeschoß.

Achtzig Jahre später schaue ich mir an, was der Mensch so macht, wenn man ihn in ein Modul steckt. Der Mensch streckt sich. Er setzt sich größere Fenster ein, fügt dem Würfel Zubauten hinzu, eine Garage, eine Terrasse oder gar einen gläsernen

Wintergarten, aus dem die Nachbarn das Kaminfeuer herausleuchten sehen. Wenigstens einen Holzschuppen braucht der beengte Mensch. Nur wenige Häuser sind in ihrem Urzustand geblieben.

Da zu Beginn alle genau dasselbe hatten, fällt der Vergleich heute so erbarmungslos genau aus. Besonders hart misst sich der Mensch an dem, der mehr als ein Nachbar ist – am Zweiten im Modul. Die Häuser schreien ihre Geschichten heraus: Da hat der eine seine Haushälfte erweitert und mit einer zartroten Pseudo-Backstein-Schicht verkleidet. Der andere zieht nach und mauert sich einen spiegelbildlichen Anbau hin. Doch dann passiert etwas, der Anbau bleibt ein Rohbau, und der Nachahmer verkriecht sich beschämt in seiner unverputzten Hälfte.

Sechs mal sechs Meter, das muss Batas Maß der Glückseligkeit gewesen sein. Sechs mal sechs Meter, so viel misst auch das Chefbüro im Hochhaus »21«, der ehemaligen Konzernzentrale im Zentrum Zlíns. Der siebzehnstöckige Bau wurde erst 1938 eröffnet, kurz bevor die Batas emigrierten. Seit Kurzem sitzt das örtliche Finanzamt in dem totalsanierten Hochhaus.

Im Erdgeschoß, hinter einer Kordel, ist das Chefbüro zu besichtigen. Es befindet sich im Lift des Chefs. Das Büro ist klimatisiert, bietet Platz für eine Sekretärin, sogar ein Waschbecken mit Kalt- und Warmwasser ist eingebaut. Durch die sechs

Meter lange Glasfront konnte Bata auf Zlín hinunterschauen.

Eine mächtige Weltkarte dominiert das fahrende Büro. Ländergrenzen sind darauf kaum zu erkennen. Hervorgehoben sind schiffbare Flüsse und Standorte der Produktion von Gummi und Leder. Ansonsten hat den Chef nur interessiert, wo seine potenziellen Kunden leben. Jene Regionen der Erde, in denen über hundert Menschen pro Quadratkilometer lebten, erstrahlen in einem kräftigen Rot.

Prügel

Ich wäre in jener Samstagnacht nicht nach Brünn gefahren, hätte mein Gewährsmann nicht so sehr von jenem Lokal geschwärmt. Er habe in »Charlie's Hat« noch nie einen schlechten Abend gehabt, erzählte er, der Umgang sei außerordentlich freundschaftlich, Berührungen zwischen Mann und Frau stellten sich von alleine ein. Er verwies auf einen Deutschen, der regelmäßig aus dem Ruhrgebiet anreise, um in »Charlie's Hat« zu gehen. Es sei ein entspannter, verspielter und vor allem friedlicher Ort.

Ich muss anmerken, dass mein Gewährsmann ein Bayer ist, der im mitteleuropäischen Nachtleben mehrfach zusammengeschlagen wurde. Genau genommen ist ihm das immer in Bratislava passiert, zu meinem maßlosen Erstaunen. Ich kannte die Slowaken anders, falle aber als Sachverständiger aus, da ich niemals zusammengeschlagen werde, in keinem Land der Welt.

Mein Gewährsmann führt die Gewalt auf seine langen Haare zurück. In Bratislava, wo er seit Jahren lebt, trägt er die Haare zu einem kleinen Knoten vertäut. An den Wochenenden flieht er in sein geliebtes Lokal, in sein geliebtes Brünn, in die geliebte Tschechische Republik, in der man Bier und

Rockmusik, rockige Bierkeller und langes Männerhaar liebt.

Ich kam kurz nach Mitternacht am Brünner Hauptbahnhof an und spazierte umgehend zum empfohlenen Ort. Es war eine laue Samstagnacht, über das neue Flachpflaster des Freiheitsplatzes hallte ein Rülpsen, und dem Brechreiz eines jungen Nachtschwärmers kam entgegen, dass die Gasse vor »Charlie's Hat« aufgegraben war.

Zögernd stieg ich in das Lokal hinunter. Und doch, ja, es war wirklich nett. »Charlie's Hat« liegt in einem verschlungenen Kellergewölbe und erstreckt sich über insgesamt sieben Räume. Die einzelnen Räume sind klein, die Gänge, Treppchen und Durchlässe sind schmal, man drückt sich immerfort am Mitmenschen vorbei.

Das Publikum war jung und tschechisch, Ausländer gab es ein paar, man trug Jeans und T-Shirts. Die Frauen waren natürlich und unprätentiös, eine griff einem Mann auf den Arsch. Die Männer trugen ihr Haar nicht länger als anderswo, etliche liefen schickgeschoren herum.

Ich ging weit nach hinten, an die zweite Bar. Ein ordentlich wirkender junger Mann saß schaukelnd auf dem Barhocker. Ich kam gerade zurecht, um ihn aufzufangen. Im nächsten Moment gab ich meinem Gewährsmann innerlich recht, denn ich wurde von einer Oberweite gestreift.

Dann traten die Mädels auf. Die Mädels! Zwei

immerfort lächelnde Geschöpfe, hochgewachsen, mit schmaler Taille, Spaghettiträgern und blonden Haarspitzen, die kunstvoll geschnitten auf die nackten Schultern fielen. Das Volk trat respektvoll zur Seite, die Schönheiten marschierten triumphierend zur zweiten Bar, und schon harrten sie auf den eben noch besetzten Barhockern weiterer Huldigungen.

Die Mädels rauchten viel und schnell, dünne Zigaretten der Marke Davidoff. Die umstehenden Männer suchten mit witzigen Sprüchen zu amüsieren, aber nur einem fiel eine brauchbare Anmache ein. Er formte seine Hände zu einer Schale, ließ sich von den Mädels in die Hände äschern und versprach damit zu zaubern.

Die Mädels betrachteten seine Hände ebenso gebannt wie ich. In diesem gedankenverlorenen Moment streifte mich eine weitere Oberweite. Nein, halt, es war dieselbe. Sonst ist eigentlich nichts passiert. Der Zauberer konnte nicht zaubern, und auch von den Brünnern, die ihren unter deutscher Besatzung fertiggestellten Stausee »Prígl« nennen, habe ich keine Prügel kassiert.

Der dritte Anlauf

Wo die Donau einen sanften Bogen nimmt, zwischen versprengten Kogeln der Karpaten und der slowakischen Grenze, da liegt das schöne Hainburg. In der 1114 Jahre alten Stadt lebt eine stattliche Minderheit zugewanderter Türken. Das wirft die Frage nach dem austrotürkisch-slowakischen Verhältnis auf, doch zunächst will ich von einem der aufgewecktesten Hainburger Türken etwas anderes wissen: Wie fühlt er sich, wenn er das mittelalterliche Fischertor passiert?

Die Inschrift der dortigen Gedenktafel kann Cengiz auswendig, wie ein Kindergedicht ratscht er sie herunter: »Dem Andenken der am 12. Juli 1683 nach Erstürmung der Stadt von den Türken niedergemetzelten Einwohner Hainburgs.«

Das sei genau das Problem, meint Cengiz. Er ist jung und sprachgewandt, hat Slowakisch gelernt, liest lieber österreichische als türkische Zeitungen und ginge mit seinem rötlichen Stoppelbart als Ire oder Niederösterreicher durch. Im Bewusstsein vieler Hainburger liege das Massaker von 1683 erst zwei oder drei Jahrzehnte zurück, sagt er. Und auf der anderen Seite zeigten viele ältere Türken wenig Interesse an ihrer Integration.

Cengiz empfängt mich im türkischen Sportverein, in einem Hinterhof der Altstadt. Die Pokale der Mannschaft, die nicht mehr existiert, stehen aufgereiht über dem Tresen. Wir trinken Tee aus kleinen, bauchigen Gläsern, es läuft türkisches Fernsehen, eine vergilbte Wandtapete zeigt ein Panorama des Bosporus. Junge und alte Männer plaudern und spielen Karten.

Eine Frau betritt den Sportverein nur dann, wenn Cengiz einen Vortrag organisiert, der von einer Frau gehalten wird. Er engagiert sich ehrenamtlich, bemüht sich um die Alphabetisierung der Mütter, hat einen Deutschkurs zusammengetrommelt. Einmal bat er die Gemeinde um Unterstützung. Das war der Moment, in dem ein kleiner Gemeinderat ein großes Zitat aussprach: »Frag nicht, was dein Land für dich tun kann, sondern frag, was du für dein Land tun kannst!«

Hainburg hat 5600 Einwohner, laut Volkszählung dürften 500 bis 600 türkischer Herkunft sein. Alle Hainburger Türken stammen aus dem Osten Anatoliens. Einige arbeiten in der Hainburger Tabakfabrik, in der Filterfabrik, viele am Schwechater Flughafen, im Gepäckdienst und in der Reinigung.

Da es in Hainburg kein Nachtleben gibt, sind die jungen Türken meist nach Wien gefahren. Wien ist weit, Wien ist teuer, und so begannen sie in Bratislava auszugehen. Die Slowakei hatte mit Türken nie zu tun, die in Österreich verhängten Lokalverbote sind dort unbekannt. »Einmal sind wir von slowakischen Glatzköpfen zusammengeschlagen worden«, erzählt Cengiz, der mittlerweile braver Ehemann einer Türkin ist. Die Schläge waren freilich einem anderen Volke zugedacht: »Die Typen haben uns als Itaker beschimpft.«

Ansonsten entwickelt sich das austrotürkisch-slowakische Verhältnis vielversprechend, ein halbes Dutzend Hainburger Türken kann schon Slowakisch. Die Grenze ist dann erreicht, wenn der Sohn dem Vater, der schon keine Österreicherin im Haus will, eine Slowakin vorstellt. Im Kopf des konservativen türkischen Vaters haben sich die Russinnen und Moldawierinnen festgesetzt, welche die Bordelle der türkischen Heimat dominieren. Dass Slowakinnen Huren sind, wird er sich schwer ausreden lassen.

Cengiz arbeitet sich fürs Erste am österreichisch-türkischen Verhältnis ab. Die Gedenktafel für die »von den Türken niedergemetzelten Hainburger«, mit ihr hatte er etwas vor. Nichts, was die Hainburger vor den Kopf stößt, die sich in der dritten Türkenbelagerung wähnen. Keine Provokation, eine versöhnliche Geste, eine gewitzte Aktion. Wenn ich ihn recht verstand, sollten Hainburger Türken durch die Stadt marschieren, vom Hauptplatz durch die Blutgasse zum Fischertor. Jeder eine Rose in der Hand, und die Rose niederlegen.

Tief im Westen

Záhorská Ves ist das westlichste Dorf der Slowakei. Am österreichischen Ufer der March liegt Angern, eine romantisch tuckernde Fähre verbindet die beiden Grenzdörfer. Wenn sie kein Hochwasser führt, ist die March ein schmaler Fluss. Wäre die Fähre drei Mal so lang, wäre sie eine Brücke.

Die Fähre verkehrt seit 2001. Gegen eine Brücke haben sich die Angerner seinerzeit gewehrt, und ich will den Grund nicht verschweigen: Sie haben die Zigeuner gefürchtet. 350 der 1600 Einwohner von Záhorská Ves sind Roma.

Auch die slowakischen Nachbarn fürchten ihre Zigeuner, namentlich einen kinderreichen Zwei-Familien-Clan, der auf dreizehn bis sechzehn Angehörige geschätzt wird. Vor Jahren hat sich ein nigerianischer Menschenrechtsaktivist vor den berüchtigten Clan gestellt und schwere Vorwürfe erhoben: Der Bürgermeister hätte eine »ethnische Säuberung« geplant. Nachdem die Hütte des Clans abgebrannt war, wären die Roma mit Baseballschlägern verprügelt worden, angeblich auch vom Bürgermeister selbst. Das jüngste Töchterchen hätten die Täter in die March geworfen.

Die Vorwürfe sind unbewiesen, der Konflikt ist undurchsichtig, und ich kenne die Wahrheit nicht.

Als ich nach Záhorská Ves gefahren bin, wollte ich zunächst nur »Das Westlichste der Slowakei« kaufen, das Buch des Dorfhistorikers. Die Gattin des alten Herrn lud mich spontan ins Haus, auf einen Tee und auf Vanillekipferln, die so himmlisch geschmeckt haben, dass ich mich schämen würde, je etwas Schlechtes über Familie Šimkovič zu schreiben. Es ist nämlich so: Meine herzlichen Gastgeber haben mich rasch darüber aufgeklärt, dass sie die Eltern des Bürgermeisters sind.

Oma Šimkovič ist ein Sonnenschein und leitet den örtlichen Chor, Opa Šimkovič ist ein Grantler und verfasst beinahe im Alleingang die Dorfzeitung. Sie sind stolz auf ihren Sohn, der mit großer Mehrheit wiedergewählt wurde, der früher ein Fußballstar war und nebenbei noch ein gefragter Trainer ist. Wenn gar nichts mehr geht, rufen die Vereine Niederösterreichs stets nach Boris. Auch nebenan soll der Bürgermeister schon angeheuert haben, in Angern.

Oma Šimkovič erzählt vom Eisernen Vorhang, als nur Eingesessene nach Záhorská Ves durften. Bereits im Landesinneren, am Bahnhof von Zohor, wurden die Ausweise kontrolliert. Opa Šimkovič liebt die Historie umso mehr, je weiter sie zurückliegt. Lange kämpfte er für eine Ehrentafel, die daran erinnert, wie der slowakische Nationalheld Ludovit Štúr seinen ungarischen Häschern entkam – über die Holzbrücke nämlich, die bis 1945 nach Angern geführt hat.

Er beklagt, dass das Thema niemanden interessiert, und als ich kurz darauf nach dem Roma-Konflikt frage, erkennt er verdrossen, dass ich um nichts besser bin. Meine Frage verdirbt Opa Šimkovič den Tag, Oma Šimkovič antwortet freimütig. Ihr Sohn arbeite gut mit dem »Vajda« zusammen, mit dem Anführer der Roma, nur mit den beiden schrecklichen Familien hätten alle ihre Probleme. Die hätten inmitten von Ratten gehaust, die Gelbsucht habe sich ausgebreitet. Die Gemeinde habe sie wirklich loswerden wollen. Man habe ihnen ein Haus im Süden der Slowakei gekauft, aber nach drei Tagen seien sie wieder zurück gewesen.

Auch wenn sie politisch nicht korrekt war, konnte ich Oma Šimkovič gut leiden. Zum Abschied hat sie mir den Weg zur Fähre gezeigt. Drei Roma-Kinder liefen auf der Straße, darunter ein kleines, gelocktes Mädchen. »Ah, unsere Tänzerin!«, rief Oma Šimkovič dem Mädchen zu, das sich in der Tat tänzelnd bewegte. Dabei grinsten sich die beiden diebisch an. Von der Wahrheit, die ich nicht kenne, ist das vielleicht ein Teil.

Sex, Vietnam, Kellergasse

Im sanft gewellten südmährischen Weinland liegt ein kleines, globales Dorf. 2004 habe ich ein kleines Porträt dieses Dorfes veröffentlicht, unter dem Titel »Sodom, Babel, Chvalovice«. Es stand unter anderem ein ziemlicher Stuss darin.

Ich führe zu meiner Verteidigung an, dass ich damals, im Winter vor Tschechiens EU-Beitritt, einem Einheimischen aufgesessen bin. Tonda war ein Gaukler, der mit seinen Spielleuten durch die Restaurants des zollfreien Shoppingparks »Excalibur City« zog, in einem bunten Mittelalterkostüm und auskragenden Schnabelschuhen, für stumpf vor sich hin fressende Österreicher musizierend.

Abgesehen von diesem Brotjob war er ein kluger und sensibler Mann, mit Ende dreißig schon verwitwet, und er hat mich an die besinnlichsten Orte Südmährens geführt. Tonda war in Chvalovice aufgewachsen, nahe am Eisernen Vorhang, und war als Erwachsener ins acht Kilometer entfernte Znaim gezogen. Seine Eltern waren in Chvalovice geblieben.

Als wir das kleine Angerdorf passierten, sprangen mich zwei Phänomene an. Vietnamesische Händler boten Billigklamotten, Gartenzwerge, IT-Ware und Kleintierbedarf feil, in der Markthalle

»Dragon-Market«, in festen Läden und in mobilen Zeltbuden entlang der E59. Und an jedem Eck ein Puff.

»Der Ort hat offiziell 400 Einwohner, aber Prostituierte gibt's doppelt so viele«, sagte mir Tonda in einem bitter-ironischen Ton. »Von den Tschechen sind nur die Alten geblieben.« Zwar nahm ich seine Zahl nicht wörtlich, aber dass die Tschechen in die Minderheit geraten waren, habe ich gern geglaubt.

Ich fuhr ein zweites Mal nach Chvalovice und schrieb danach: »Chvalovice hat innerhalb eines halben Jahrhunderts zwei Mal den Austausch seiner Bevölkerung erlebt. Bis 1945 hieß es Kallendorf. Nach der Vertreibung der deutschsprachigen Südmährer siedelten sich Tschechen aus dem Landesinneren an. Mittlerweile stellen vietnamesische Großfamilien und ostslawische Prostituierte die Mehrheit.«

Heute weiß ich, Letzteres war Stuss. Wahr bleibt, dass ich bei meinem zweiten Besuch ein wenig davon erfahren habe, was mit dem »globalen Dorf« gemeint sein mag.

Das erste Prostituierten-Interview meines Lebens suchend, ging ich damals ins »In Flagranti«, in den zweitgrößten Puffpalast des Ortes. Das Lokal war weitläufig und mit theatralischer Geste angelegt. In der Mitte wurde gestrippt. Eine Kellnerin war so freundlich, mir die nationale Zusammensetzung im Raum zu erklären. Es war leicht zu verstehen.

Am zentralen Abschnitt des Tresens standen die tschechischen Prostituierten. Um das hintere Ende des Tresens gruppierten sich die Russischsprachigen, gelangweilt herumsitzend, Kurznachrichten tippend, immerfort rauchend. Im Winkel hinter der opulenten Treppe, die hinauf in die Separées führte, stand die zahlenmäßig kleinste Gruppe, die Prostituierten vom Volk der Roma.

Ich setzte mich zu zwei Indern, die dem einst von der deutschen Wirtschaft ersehnten Typus des »Computer-Inders« mustergültig entsprochen haben. Sie waren jung und gut aussehend, fuhren eine schicke Limousine, trugen elegante Anzüge und sprachen ein gepflegtes Deutsch. Immer wieder versuchten sie mit den tschechischen Prostituierten ins Gespräch zu kommen. Diese konnten aber nun mal keine Roma leiden und lehnten allesamt ab, mit den Indern nach oben zu gehen.

Nachdem die Inder abgereist waren, sprach ich mit einer ukrainischen Prostituierten, die bereits einen Kunden gehabt hatte. »Klava« war froh, dass ich Russisch konnte, und unterhielt sich den Rest der Nacht mit mir. Sie sei mit einem Touristenvisum eingereist, erzählte sie. Sie wolle drei Wochen bleiben, 1500 Euro verdienen und dann zurück. Sie hatte zuvor in Luxemburg gestrippt, den Schritt in die Prostitution sah sie als Schande an.

Den Namen des Dorfes kannte Klava nicht, aber sie hat Chvalovice gehasst. Sie hat direkt im Bordell gewohnt, sagte sie, und um der Verachtung der Dörfler zu entgehen, blieb sie meist auf dem Zimmer und las Gedichte von Puschkin und Lermontow.

Drei Jahre später, im August 2007, wollte ich Chvalovice noch einmal sehen. Ich nahm mir 24 Stunden Zeit. Gleich bei der Ankunft fiel mir auf, dass die Vietnamesen verschwunden waren, bis auf eine einzige Händlersippe, die in einem Altbau bis spät in den Abend offenhielt. Alle anderen hatten ihr Geschäft in das Niemandsland des Grenzstreifens abgesiedelt, wenige Kilometer nach Süden, an den Rand der massiv erweiterten Outlet-Entertainment-City »Excalibur-Freeport«.

Von Klava wusste ich, dass die Prostituierten im Restaurant »U našich« zu essen pflegten, »bei den Unsrigen«. Mittlerweile war das Restaurant geschlossen worden. Ersatz bot das »Hotel Alt«, herausgeputzt wie vieles im Ort. Dort stieg ich ab, dort aß ich, das »Alt« hat keine Konkurrenz im Ort.

Das Hotel frequentierten außerdem: eine deutsche Kleinfamilie, ein unübersichtlich zusammengewürfelter Familien-Patchwork-Freundeskreis aus Italien und ein kraftstrotzendes tschechisches Paar um die fünfzig, von einer südlichen Sonne zu einer doppelten Klobasse gegrillt. Von Prostituierten keine Spur.

Ich ging spazieren. Bei der Tankstelle, 500 Meter außerhalb, warteten zwei Straßenhuren auf die Fahrer der polnischen und baltischen Lkws. Im Ort waren alle sechs Bordelle in Betrieb, dieselben wie 2004.

Als die Sonne untergegangen war, sprangen die Rotlichter an. An der südlichen Ortseinfahrt korrespondierte ein leuchtendes Herz mit den Grablichtern des gegenüberliegenden Friedhofs. An der Fassade des mehrstöckigen Komplexes »Moulin Rouge« rotierte das riesenhafte Mühlrad, rot hinausleuchtend in die Weinviertler Nacht, und das lila Lichtband von Freeport leuchtete zurück.

Die Bordelle habe ich nicht mehr betreten. Am nächsten Tag ging ich auf das Gemeindeamt. Ja, die Siedlungsgeschichte von Chvalovice sei »beweglich«. Nein, von den 400 Einwohnern sei die überwiegende Mehrheit tschechisch. Nur circa zwanzig Vietnamesen würden im Ort wohnen, und über die ausländischen Prostituierten habe man keine Evidenz. »Wir wissen das nicht. Möglicherweise bringt man sie in Bussen her, aus Znaim oder aus Brünn.«

Die Gemeinde ist nicht arm, erzählten die beiden Beamten, die Spielautomaten von Excalibur werfen Steuern ab, ein Schwimmbad wird gebaut. Chvalovice wächst, die vierzig Parzellen Baugrund sind alle verkauft.

Ich weiß, die Gemeindebeamten hätten gern eine andere Geschichte von mir gehabt: Endlich einmal ein Wort über die pittoreske Kellerstraße am Danischbach, über die vielen Hobbywinzer und die fünf professionellen Weingüter, über Grünen Veltliner, Riesling und Traminer. Auch wenn man sich für Verkostungen anmelden muss, auch wenn die Vermarktung noch nicht so recht klappt, auch wenn die Vinothek im »Hotel Alt« wegen mangelnden Zuspruchs wieder geschlossen hat.

Ich war als Österreicher gekommen, als Landsmann der Freier, die nach 1990 die Verhurung über das stille Bauerndorf brachten. Ich vertrat Österreich in diesem Gespräch nicht gern. Um den Chvalovicern Hoffnung zu machen, erzählte ich ihnen von Piroschkas Puffsiedlung, auch nahe der österreichischen Grenze gelegen, aber sichtlich im Niedergang. Ich erzählte ihnen, dass die Prostitution im ungarischen Grenzsaum auf dem Rückzug sei.

Ob sie nicht glaubten, dass das Gewerbe mittelfristig aus ihrem Ort verschwinden werde, habe ich gefragt. Die Antwort war sehr klar. Nein, dass es in Chvalovice einmal keine Prostitution mehr gibt, das konnten sie sich nicht vorstellen.

Wasser stehlen

Wir Mitteleuropäer sind bescheiden. Hätten die Chinesen den Gabčíkovo-Kanal gebaut, würden sie sämtliche Staatsgäste auf die Dammkrone schleppen und ihnen stolz erklären: Wir haben Erdmassen im Umfang von 150 Millionen Kubikmetern bewegt. Das ist sehr viel mehr, als für den Suezkanal ausgehoben wurde.

Wir sind aber keine Chinesen. Wenn wir Gabčíkovo hören, erinnern wir uns allenfalls dunkel. Da war doch was. Ein Kraftwerk, eine ökologische Schweinerei, ein Konflikt. Wurde das überhaupt gebaut?

Es wurde. Gabčíkovo umfasst einen stattlichen Stausee im Süden Bratislavas, einen daran anschließenden Zuflusskanal, ein Kraftwerk, das elf Prozent des slowakischen Strombedarfs deckt, und einen Abflusskanal. Das klingt nicht weiter spektakulär. Die Dimension des Gabčíkovo-Kanals begreift man erst, wenn man ihn sieht: Hier wurde in Wirklichkeit ein Strom verlegt, auf 39 schnurgeraden Kilometern, eine vollkommen neue Donau.

Das Herzstück des verschämten Weltwunders, der Zuleitungskanal, ist mehr herausgewühlt als hineingegraben. Der Uferdamm ragt aus der Landschaft heraus, haushoch, gleichmäßig und linear.

Anders gesagt: Der abgeleitete Fluss ist wie eine Wanne in das flache Auland gesetzt.

Innen ist die Wanne asphaltiert, ihr äußerer Abhang ist begrünt, auf der Dammkrone verläuft ein Asphaltweg. Auf ihm bin ich gewandert, etwa zehn Kilometer lang, ein Teilstück nur, bis zum Kraftwerk hin. Es war ein Samstag im Winter, zwei ruhige Stunden zur Mittagszeit, kein Mensch ist mir begegnet. Empfehlen kann ich die Strecke nicht. Erstens verbieten unmissverständliche Schilder das Betreten der Dammkrone, und zweitens lässt sich auf Erden keine monotonere Umgebung denken.

Tausendschaften träger, weißbäuchiger Enten ließen sich im stillen Wasser treiben. Ein einziges Frachtschiff fuhr flussaufwärts an mir vorbei. Nachdem es passiert hatte, folgte am Rand der Asphaltrinne ein kurzes, längliches Schnalzen, das ich kein Wellenschlagen nennen will. Am anderen Ufer liegt Baka, eines der Dörfer, die unmittelbar zu Füßen der künstlichen Donau zu liegen kamen. Ich sah von Baka nur die silbrig glänzende Kugel des Wasserturms und die Spitze des Kirchturms.

Am Kraftwerk gibt es zwei Rastplätze für die Öffentlichkeit, mit ein paar Schautafeln. Ensembles rundlich hinbetonierter Sitzgruppen sollen zum Verweilen laden. Alle Sitzbänke, Tische und Mistkübel sind in einem hellen Rosa gehalten, leicht abgeschmuddelt. Der Autoverkehr floss rege, aber niemand nahm Platz. Die Sonne kam kurz heraus, und für einen Moment sah das gestaute Gewässer im Rosakontrast einer Art von Donau ähnlich, wenn schon nicht schön, so doch ein wenig blau.

Der Streit über das Werk ist bis heute nicht gelöst. Das Projekt geht auf einen Vertrag aus dem Jahr 1977 zurück, geschlossen zwischen den sozialistischen Bruderstaaten Ungarn und Tschechoslowakei. Nagymaros, der ungarische Teil des kombinierten Staustufen-Plans, wurde 1989 aufgegeben.

Das war ein Erfolg des »Donaukreises«, von Umweltschützern und Dissidenten, eine Geburtsstunde der ungarischen Demokratie. Der Ausstieg hatte allerdings noch einen Hintergrund: Lange schon war den Gulaschkommunisten das Geld ausgegangen. 1989 waren von Nagymaros erst zehn Prozent fertiggestellt, aber bereits neunzig Prozent von Gabčíkovo.

Nach dem ungarischen Alleingang setzte die Tschechoslowakei »Projekt C« um, eine abgeänderte Variante, die ausschließlich auf slowakischem Territorium verlief. Am 24. Oktober 1992 wurde der Gabčíkovo-Kanal geflutet. Zwar bildet die ursprüngliche Donau nach wie vor die ungarisch-slowakische Grenze, doch erhält der Altarm nur noch geringe Wassermengen, in den Anfangszeiten bloß zwanzig Prozent. Seither sagen die Ungarn, dass ihnen die Slowaken das Wasser stehlen.

1997 entschied das Internationale Schiedsgericht in Den Haag: Beide Seiten hätten Recht verletzt, so der salomonische Spruch, die beiden Staaten mögen sich einigen und gegenseitig entschädigen. 2007 haben sie immer noch verhandelt.

Der alte Konflikt wird durch den pikanten Umstand aufgeladen, dass an beiden Ufern, an der alten wie auch an der neuen Donau, fast ausschließlich ethnische Ungarn leben, auch im slowakischen Teil des Donaulands. Die slowakische Regierung fühlt sich für die Betroffenen etwas weniger, die ungarische etwas mehr verantwortlich, davon haben aber die Betroffenen nichts.

Auch die Insel ist ungarisch geprägt. Jene Donauinsel der anderen Art, das schmale Eiland, das im wuchtigen Schatten des Gabčíkovo-Kanals entstand. Die Insel ist dreißig Kilometer lang und wird im Süden von der alten Donau begrenzt, von der ungarischen Grenze, über die kein Übergang führt. Die Insulaner sind nur mit slowakischem Gebiet verbunden, über die Staudämme von Čunovo und Gabčíkovo sowie über eine kleine Fähre, die im Sommer über den Kanal verkehrt.

Drei kleine Dörfer liegen auf der Insel. Bevor ich meine Dammwanderung antrat, habe ich Bodíky/Nagybodak besucht, das Dorf in der Inselmitte. Ich wollte hören, wie es sich im Windschatten des Weltwunders lebt.

Ich kam mit dem Morgenbus an und sah einige Alte, auf dem Fahrrad oder zu Fuß. Auf den Weiden der ehemaligen Kolchose, die jetzt »Agro Group«

heißt, standen Pferde und Schafe; fette weiße Kühe lagen in der Wiese. Andere Arbeitgeber habe ich nicht ausgemacht.

Um halb neun spähte ich durch die Glastür des Wirtshauses, das noch geschlossen hatte. Die Putzfrau war am Aufwischen, und die beiden Kellnerinnen quälten sich mit der Inventur, die bei jeder Übergabe ansteht. Sie ließen mich hinein und verkauften mir einen Kaffee.

Die Schwarzhaarige mochte 60 sein, die Blonde 45, und während sie die Spirituosen der Bar durch Trichter gossen, erzählten sie mir von der Geburt ihrer Insel. In den Siebzigern gingen sie noch nach Horný Bar, ins drei Kilometer entfernte Nachbardorf, wo immer ein wenig mehr los war. Sie streiten kurz, wann die Bagger kamen: 1981? 1984? Jedenfalls waren sie seit damals nicht mehr in Horný Bar.

Als die Kellnerinnen zurück aus dem Keller kommen, haben sie sich darauf geeinigt, woher der Fremde kommt, der sich mit dem Slowakischen ebenso plagt wie sie. Ich sei bestimmt aus Jugoslawien, meint die Ältere, denn ich erinnere sie »an einen schrecklich intelligenten Jugoslawen aus der Slovnaft-Raffinerie«. Die Blonde schießt nach: »Pole? Ukrainer?« Meine Antwort macht sie ratlos, einen Österreicher hatten sie noch nie.

Gern hätte ich von den beiden noch mehr gehört. Von ihrer Isolation, von der Abwanderung der Eingesessenen und vom Zuzug ruhebedürftiger

Pressburger. Doch dann hat nach anderthalb Stunden Rechnen der Tagesumsatz nicht gestimmt. Sie fluchten, schenkten sich zum Trost Fernet ein und gossen ihn mit Wasser auf: »Auch die Ungarinnen können saufen.«

Immer mehr Dörfler kamen zum Bierfrühstück, es flogen ungarische Scherzworte, das ungarische Fernsehen wurde angemacht. Als ich kein Wort mehr verstand, habe ich gezahlt. »24 Kronen«, sagte die Schwarzhaarige. Ich riss die Augen auf: 70 Cent für einen Kaffee und zwei Tee? »Ja, billig«, sagte sie mit einem wissenden Lächeln, »wir haben es billig hier.«

Wenn ich geh nach Schwitzerland

Danubiana ist ein Ort der Ruhe, der Konzentration, des Lichts. Der elliptische Bau liegt auf einer schmalen Landzunge, die in den Donau-Stausee südlich von Bratislava hinausragt. Danubiana ist auf drei Seiten von Wellen umspült. Drinnen verliert man mitunter das Ufer aus dem Blick, wähnt sich auf offener See, auf einem stillen Ozean treibend.

Die nächste Siedlung ist fern. Das Territorium ist slowakisch, die ungarische Grenze ist wenige hundert, die österreichische wenige tausend Meter entfernt. Danubiana ist ein Museum moderner Kunst, gestiftet vom Mäzen Meulensteen. Wie ein mittelständischer niederländischer Elektronik-Unternehmer dazu kam, sein Museum ins mitteleuropäische Niemandsland zu setzen, das wollte ich gern wissen.

Im März 2007 hatte ich die Gelegenheit, Meulensteen reiste zu einer Vernissage ungarischer Gegenwartskunst an. Die Ungarn fuhren einiges auf, etliche Fernsehteams, ihren Botschafter und einen berühmten Schriftsteller. Die offizielle Slowakei war abwesend. Wenn Ungarn und Slowaken überhaupt miteinander sprachen, taten sie das meist auf Deutsch, manchmal in Varianten, die vom Vordringen des Englischen zeugen: »Wenn ich geh nach Schwitzerland ...«

Ein paar ältere Vertreter der slowakischen Kunstszene waren da. Einer schimpfte leise über den gelehrten Eröffnungsvortrag einer Museumsdirektorin aus Györ: »Das ist der typisch ungarische Chauvinismus: Jetzt erkläre ich den Wilden mal, was abstrakter Expressionismus ist.« Ein anderer hat die Schuldige vor der Tür gestellt. »Abstraktion ist eine Null-Lösung«, predigte er, vom ungarischen Weißwein tapfer geworden: »Abstraktion ist nichts.«

Den Mäzen erkannte man sofort. Der kraftvolle Mittsechziger hatte volles, weißes Haar, trug einen blauen Nadelstreif und parlierte mit der souveränen Gelassenheit desjenigen, der sich um das operative Gelingen nicht zu kümmern braucht. Ich stellte ihm die Frage, warum er sein Museum ausgerechnet in einen slowakischen Stausee gesetzt hat.

Meulensteen hat geantwortet. Es begann mit Vincent Polakovič, einem kunstverrückten Juristen aus Poprad. Dieser gründete in den Neunzigern am Fuß der Tatra ein Kunstzentrum und benannte es nach dem Haus, in dem sich Van Gogh einen Teil des Ohres abgeschnitten hatte. Die slowakische Provinz interessierte sich jedoch überhaupt nicht für das »Gelbe Haus«, Polakovič ging pleite.

Er fuhr in das niederländische Van-Gogh-Dorf Nuenen. Dort stand ein Denkmal, ein lebensgroßer

Van Gogh mit ausgestreckter Hand. In der verzweifelten Hoffnung, er könne auf diese Weise die rettende Inspiration für sein »Gelbes Haus« erheischen, ergriff Polakovič die kalte Hand seines Idols und ließ sie nicht mehr los. Die Inspiration blieb aus, aber ein Passant sah den trostlosen Ausländer mitleidig an. Was denn sein Problem sei, fragte der Passant. Der Slowake schilderte sein Problem. Der Passant hatte keine Lösung, aber er hatte einen Namen, den Namen eines kunstinteressierten Unternehmers, der in Nuenen lebte.

Das »Gelbe Haus« war gerettet, aber das Desinteresse des Publikums hielt an. Meulensteen überzeugte Polakovič, das »Gelbe Haus« aufzugeben und ein Kunsthaus in der Hauptstadt aufzumachen. So entstand Danubiana, das heute als Familienbetrieb geführt wird, von Polakovič und seiner fröhlichen Frau.

Meulensteen erzählte mir die Geschichte, als täte er es zum ersten Mal; lebhaft, pointiert und ohne Hast. Nach etwa zehn Minuten war er fertig, schüttelte mir fest die Hand und verabschiedete sich mit einem Gruß, der so irgendwie gar nicht in die Gegend passt: »Success!«

Parndorfer Vision

Parndorf ist eine einzige Vision. Drei Faktoren sorgen dafür, dass sich das burgenländische Nest mehr und mehr in einen begehbaren Zukunftsentwurf flüchtig-mobiler Urbanität verwandelt: Parndorf hat viel Wind, viel Baugrund und viel Verkehr – und all das haben die Parndorfer zu Geld gemacht.

In Zahlen sind das 44 Windräder, ein pastellsüßes Outlet-Shoppingcenter, das drei Millionen Besucher im Jahr anzieht, und ein 48 Meter hoher Hotelturm, der in die Heide gestellt wird. Parndorf liegt knapp an einer Autobahn-Kreuzung internationalen Formats, Wien–Bratislava–Budapest. Eine weitere Autobahnabfahrt ist abgesegnet, die zweite innerhalb von wenigen hundert Metern. Sollten die erwarteten Piloten und Stewardessen im Hotelturm absteigen, wird ihr Blick in die Weite gehen, weit über Windparks und Wirtschaftspark hinaus, auf den Neusiedler See und noch viel weiter.

Noch in den achtziger Jahren war Parndorf arm. »Früher waren wir eine reine Auspendlergemeinde«, erzählt Anton Gabriel, der rote Bürgermeister. »Viele sind als Maurer nach Wien gefahren, heute haben wir 2500 Arbeitsplätze bei 3800 Einwohnern.« Parndorf ist gemischt wie eine Großstadt,

»wir haben 27 Nationen«. Darunter sind sechs Prozent, die Türkisch sprechen. Sie wurden vor dreißig Jahren zur Arbeit im Walzwerk geholt.

Gabriel hat am Bau gearbeitet, heute hetzt er von einer Bauverhandlung in die nächste. Bevor er mir ein Interview gewährt, verwirrt er mich. Er fragt mich nämlich, wie viel ich dafür will. Ich schaue ihn ratlos an. »Geht's um eine Anzeigenschaltung?«, setzt er nach. Ich schüttle entsetzt den Kopf.

Ich will zunächst nicht denken, dass der Reichtum die Parndorfer verdorben hat, da stellt mir mein nächster Gesprächspartner dieselbe Frage: »Was kostet's?« Es handelt sich um Franz Ladich, den Parndorfer Großwirt, den sie wegen seiner massigen Gestalt den »Bimbo« nennen.

»Na, es geht wirklich guad!«, beschreibt Ladich den Gang der Geschäfte. Er war 21, als sein Vater starb, er übernahm das Dorfwirtshaus. »Damals haben wir am Tag vier, fünf Toasts verkauft«, erinnert er sich: »Jetzt verkauf' ich 400, 500 Portionen.«

Ladich hat das Wirtshaus zu einem »Steakhouse« ausgebaut, hat amerikanische Fahnen vor das Haus gehängt und einen bronzefarbenen Bullen an den Kreisverkehr gestellt – damit ihn die Durchreisenden, vom Shopping erschöpft, auch sicher finden. Sein »Tanzcafé Seinerzeit« hat er geschlossen, dafür kam ein riesenhafter »Heuriger« dazu, eingerichtet mit Tiroler Hölzern im Tiroler Stil. Ladich liebt Las Vegas, Las Vegas ist sein Modell. »Soll ich mich an Gattendorf orientieren, wo es um acht am Abend kein Licht mehr auf der Straße gibt?«

Ladich ist Burgenlandkroate, er beschäftigt 28 Leute, fast ausschließlich Slowakinnen und Ungarinnen. Slowaken und Ungarn sind ihm überhaupt recht, das seien »sehr gute Gäste«, »großzügig«, nicht so wie mancher Deutsche.

Nach dem kostenlosen Interview fährt mich Ladich durch den Ort, vorbei an seinen Baugründen, die eine Wertsteigerung von tausend Prozent erfahren haben. Er zeigt mir den Schotterteich, an dem gerade 120 Parzellen hergerichtet werden, für Einfamilienhäuser und für das Feng-Shui-Zentrum einer Universität. »Das wird eine Hofratssiedlung«, sagt er zufrieden, »die Türken brauchen wir eh nicht.« Und weil ich ihn damit nicht hätte zitieren sollen, falle ich wohl um das Steak um, auf das er mich einladen wollte.

Unter Walachen

Drei Völker haben über die Mitte und den Osten Europas verstreut gelebt: Deutsche, Juden und Roma. Es könnte ein viertes Volk gegeben haben, das über Staatsgrenzen hinweg Bindungen schuf: das Hirtenvolk der Walachen.

Die Walachen, die auf dem Territorium des heutigen Rumänien geblieben sind, haben mit den Moldauern die rumänische Nation gebildet. Viele zogen weiter, etwa auf den Westbalkan, andere verließen im Spätmittelalter die Weiden der Niederungen und trieben ihre Schafherden den Hauptkamm der Karpaten entlang. Wo sie sich mit den sesshaften Slawen vermischten, brachten sie sture, kleine Bergstämme hervor, in den ukrainischen Karpaten die Huzulen, in der polnischen Tatra die Goralen. In den ostmährischen Karpaten endete ihre Wanderung.

Valašsko, die mährische Walachei, das ist schon ein wenig hinter Wien. Eine Ethnie dakoromanischen Ursprungs im tschechischen Landkreis Vsetín? Ich nichts wie hin.

Die mährischen Walachen erhoben sich 1620 gegen die Habsburger, »Walache« war ein Wort für »Rebell«, immer noch haben sie sieben Mal so viele Evangelische wie im tschechischen Landesschnitt.

Der ursprünglichste Flecken von Valašsko soll Rožnov sein, nördlich der Weißen Karpaten, am Fuß des 1100 Meter hohen Bergrückens Radhost'. Dort fand ich von den Walachen ein Freilichtmuseum und eine Trademark vor. Letztere nennt sich »Walachisches Königreich«, hat aber keinen König vorzuweisen; eine Tourismus-Event-Agentur dieses Namens vertreibt Reisepässe, Landkarten und Korrespondenzkarten der neckischen Art.

Rožnov war im frühen 20. Jahrhundert ein beliebter Luftkurort. Damals stiegen die Senner nach Mitternacht von ihren Almen herunter, auf dem Rücken zehn bis zwanzig Liter Molke, die sie im Morgengrauen verkauften. Die Kurgäste spazierten durch den Park, atmeten die harzige Gebirgsluft ein und tranken aus Kurbechern die aufgewärmte Molke.

An einem Sonntag im Frühling war das Städtchen wie ausgestorben, nur im Freilichtmuseum tummelten sich Ausflügler. In den einstöckigen Holzhäusern sah ich kurze Holzbetten mit aufgeschlagener Tuchent und einen Aushang der »k. k. Bezirkshauptmannschaft Wallachisch-Mesiritsch« aus dem Jahre 1850 betreffend »Brot- und Semmel-Taxe«.

Nach kurzer Zeit saß ich im Gastgarten der hülzernen Schenke »Jeřábek« und ließ walachische Spezialitäten auftragen. Ich bekam eine »walachische Sauerkrautsuppe« mit Sauerrahm, danach »walachische Fleischstücke« mit aufgeschnittenen Erdäpfelknödeln und neuerlich Kraut. Danach brachte man mir »Kudlák«, einen mit Sliwowitz versetzten warmen Honigwein, der wie der Reiswein beim Chinesen schmeckt.

Neben mir musizierten zwei ältere Herren auf tischgroßen Hackbrettern. Einer der beiden war in Tracht gekleidet. Wenn er auf Rauchpause wegging, sah ich ihm genießerisch nach, denn die bis zur Wade hinauf geschnürten zartrosa Patscherln verliehen ihm den weichen Gang eines walachischen Panthers.

Nach der fast sechsstündigen Anreise lag mir das walachische Mahl schwer im Magen. »Warum schauen Sie so traurig drein?«, fragte mich der junge Kellner. Ich hatte von der Speisekarte abgeschrieben, vielleicht hielt er mich für einen Gastrokritiker. Jedenfalls brachte er statt der Rechnung zwei Sliwowitz.

Ich habe ihn gefragt, warum die heilende warme Walachenmolke in Rožnov nicht mehr zu haben ist. »Die wird nur noch für große Anlässe zubereitet«, erklärte mir der vielsprachige Mann: »Die muss frisch getrunken werden, denn wenn die gelagert wird …« Bei diesen Worten verzog er sein hübsches Gesicht zu einer grässlichen Grimasse. Mehr habe ich über walachische Kultur nicht gelernt.

Hm

Am 15. März 2007 war ich Zeuge eines historischen Einschnitts. Sie hatten neidvoll nach Tschechien und Ungarn geblickt, waren zu Gruppenfahrten in die Shopping City Süd gezwungen, doch seit dem 15. März 2007 sind sie gerettet: Die Slowaken bekamen ihren ersten H&M.

Was an jenem Tag eröffnet wurde, war ein ganzer Gebäudeflügel des Avion Shopping Parks in Bratislava. Kapellen spielten auf, fast nackte und fast minderjährige Tänzerinnen stöckelten herbei, der Moderator zählte pathetisch den Countdown herunter. Es hat ein sattes Dutzend internationaler Ketten eröffnet, aber als der rote Vorhang um zehn Uhr aufging, strömte die Masse zu zwei Dritteln in den H&M hinein.

Die erste Minute atmete den Zauber ehrfürchtiger Andacht. Zögernd, bedächtig und still betrat das Volk die Filiale, die Ware wurde noch nicht berührt. Die Gäste waren jung und alt, überwiegend weiblich, und viele trugen bereits H&M-Kleidung am Leib. Nach fünf Minuten war das Geschäft verstopft.

Ihren Ausgang nahm die Blockade in der Mitte, wo geländegängige Kampf-Kinderwagen das Fußvolk aufgerieben hatten. Mit aller Macht begann das Wühlen, Prüfen und Rufen, das »Halt mal!« und »Ich schau dort drüben.« Nach fünfzehn Minuten standen die ersten an der Kassa, und die Schlangen wanden sich von den Umkleidekabinen bis zu den beiden Ausgängen hinaus.

»It's amazing!«, rief eine attraktive Frau mit österreichischem Akzent. Sie war mädchenhaft gekleidet und trug ein Namensschild, auf dem nur »Claudia« stand. Es war die Geschäftsführerin von H&M Österreich, die von Wien aus fünf Länder regiert – Tschechien, Slowenien, Ungarn und nun auch die Slowakei.

H&M ist schwedisch, die Konzern-Etikette ist betont locker. Etwas später fand ich »Claudia« an einem Verkaufstisch, als sie zerwühlte Ware in aller Bescheidenheit zusammenlegte. Ich sah die Gelegenheit gekommen, ein Rätsel zu lösen, das mir die internationalen Ketten seit Jahren aufgeben: H&M verkauft in Wien und Bratislava dieselbe Ware. In der Slowakei sind die Ladenmieten niedriger, die Verkäuferinnen verdienen etwa ein Drittel, die Ware ist aber mindestens so teuer wie in Österreich. Das Sakko, das mir in der damals aktuellen Kollektion gefiel, hat in Bratislava 18 Prozent mehr gekostet als in Wien, die dazu passende Hose sechs Prozent mehr, das Polo-Shirt meiner Wahl 18 Prozent mehr.

Der 15. März 2007 war ein prächtiger Sonnentag, und ich habe Claudia gefragt, ob es vielleicht sein könnte, dass H&M im Osten herrliche Gewinne macht. Claudia hat mich herzlich angelacht, aber eine Antwort bekam ich nicht. H&M veröffentlicht keine Gewinnzahlen nach Ländern, erklärte sie mir. Mehr konnte sie nicht, mehr wollte sie nicht, mehr durfte sie nicht sagen.

Ich schob mich aus der Filiale hinaus. Vier deutsch sprechende Manager verließen die eben eröffnete C&A-Filiale, missmutig und mit hängenden Schultern. »Eine Frechheit!«, fauchte einer. In der ersten Etage von Peek & Cloppenburg standen die Chefs beim Sekt zusammen. Ein schwarzer Manager – schön und viril, die Krawatte lose um den Hals geknüpft – wies mit der Hand auf die blonde slowakische Hostesse. Er sagte zu ihr: »You are so sweet.« Sie errötete.

Eine slowakische ABBA-Kopie spielte vor H&M auf. Die Vier waren sinnlicher, als Benny und Björn, Agnetha und Frida je gewesen waren; das Playback störte nicht im geringsten. Beim Song »SOS« forderten sie das Publikum zum Mitsingen auf. Der Refrain ist ganz einfach: S-O-S. »And the love you gave me, nothing else can save me –« Allein, das Publikum, es wollte nicht. Allzu lange hat man sich nach H&M gesehnt. An so einem Tag ruft man nicht um Hilfe.

An der schönen
grünen Donau

Es liegt eine kleine ungarische Großstadt hinter Wien, über die sollte ich wenigstens ein Mal schreiben. Aber was?

Dass sie der letzte Vorposten gegen die Türken war? Dass sie den größten Exporteur Ungarns, das Audi-Motoren-Werk, hat? Dass Győr nach Budapest die höchste Kaufkraft des Landes aufweist, das höchste Wachstum, die niedrigste Arbeitslosigkeit? Dass der amtierende Bürgermeister 1988 Olympia gewann, in einer ausschließlich von Männern geturnten Disziplin namens »Pauschenpferd«?

Einige Monate lang habe ich ein halbes Dutzend Leute kontaktiert, alles Raaber in kompetenter und großteils beamteter Position, fließend in Deutsch – und alle unwillig, mir auch nur irgendetwas zu erzählen. Die Defizitkrise und der Steuerdruck des ungarischen Staates haben den emsigen Raabern die Laune verdorben, so erklärte ich mir das.

Ich beschloss, das abweisende Gemeinwesen auszulassen, da stolperte ich über Városrét. Városrét ist der größte geplante Wohnpark Ungarns, ein ambitioniertes Schöner-Wohnen im Zentrum von Győr, ein vollkommen neues Viertel der 130.000-Einwohner-Stadt, für 12.000 bis 15.000 Menschen konzipiert. Mindestens 400 Millionen Euro werden investiert, 5000 Wohnungen werden zum Verkauf stehen, zu einem durchschnittlichen Quadratmeterpreis von 1500 Euro.

Jedes Gebäude wird nach einer Blume benannt, und da der Wohngarten der Zukunft auch österreichische Käufer locken will, lud man mich gern zur Besichtigung ein.

Die Lage ist tatsächlich gut. Nebenan das Einkaufszentrum Árkád, die barocke Altstadt fünf Gehminuten entfernt. Die exklusive Brache entstand durch Absiedlung einer Fahrzeugfabrik an den Stadtrand, einige Fabrikwände stehen noch, auf dem Gelände liegt Bauschutt.

Die Lage ist so gut, dass Városrét auf wunderlichen Wegen »am Donauufer« gelandet ist, an der »frischen Donauluft«, »an der Donaupromenade der Zukunft«, auf der sich »aus vollmondbeschienenen Nächten Genuss ziehen« lässt. Das sagen die Prospekte.

In der »Engel Group« spricht man sich beim Vornamen an, und so musste ich den Direktor von Városrét »Avigdor« nennen. Ich mochte Avigdor, weil er ein kultivierter älterer Herr war, weil es in seinem Büro nach guten Zigarren roch und weil er mir keine Marketingphrasen um die Ohren drosch.

Avigdor führte mich durch zwei der drei bereits existierenden Bauten, zunächst in den fünfstöckigen »Amaryllis Garden«, dessen Großstadt-Single-

Klausen inzwischen bezogen sind, danach mit blauen Helmen in den zehnstöckigen »Dahlia Palace«. »Tulip House« sah ich nur von außen.

Avigdor, der mit seinen Mitarbeitern Ungarisch sprach, blinzelte mich irgendwann an: »Sie wissen, dass ich kein Ungar bin?« »Nein.« Ab diesem Zeitpunkt hat mich Avigdor mehr interessiert als die Begehung, die ja doch immer in der Frage gipfelte, ob der jeweilige Käufer die Standardverfliesung wählt oder ein bronzenes Nasszellen-Imperium nach eigenem Geschmack.

Avigdor war Israeli, als Kind aus Siebenbürgen nach Israel gekommen, als arrivierter Geschäftsmann von der »Engels Group« nach Ungarn geschickt. Er sagte, er überlege, in der Pension nach Városrét zu ziehen, in die oberste Etage der vierten Blume, die bisher nur auf dem Papier existiert.

Er schwärmte vom Donaublick dort oben, und da konnte ich nicht mehr schweigen. Győr liegt doch gar nicht an der Donau, gab ich zu bedenken, sondern an der »Mosoni-Donau«, einem verirrten Seitenarm des Stroms, einem tiefgrünen, beinahe stehenden Gewässer. Avigdor konterte frech: »Wien sagt auch, es liege an der Donau, und liegt nur am Donaukanal.«

Ich gab es auf. Es ist ok, Győr liegt an der Donau. Wenn es nur die Stimmung hebt, sollen sie es weiter glauben.

Die neuen Nachbarn

An einem heißen Sonntag fuhr ich in den Norden der Slowakei, um die neue koreanische Kolonie zu sehen. Warum nicht koreanisch essen gehen, habe ich mir gesagt, und mit den asiatischen Zuzüglern plaudern, wie es sich in den Bergen über der Waag so lebt?

Das war der Plan. Die Region hat innerhalb der Slowakei den Ruf, den innerhalb Österreichs Kärnten genießt: Hort eines dumpfen, hartleibigen Nationalismus zu sein. Ich habe die Region schon öfter besucht, nannte sie das »slowakische Nationalreservat«, aber gefressen wurde ich noch nie. Im Gegenteil, ohne spontane Verbrüderung und herzliche Bewirtung lassen sie mich nicht gehen.

Wäre es mir darum gegangen, dass die Slowakei, die traditionell ein Herkunftsland von Arbeitsmigration ist, in kleinen Dosen zum Zielland wird, hätte ich nicht so weit fahren müssen. Das Peugeot-Werk in Trnava hat hundert, das Samsung-Werk in Galanta 250 Rumänen eingestellt, und die Jobvermittler werben Kosovaren für die nach Arbeitskräften lechzenden Fabriken der Auto- und Elektronikindustrie an.

Mich aber hat »SlovaKIA« angezogen, der schreiende Kontrast. Auf der einen Seite meine volkstümlichen Pappenheimer, die einen auf kein Gulasch einladen können, ohne es ausdrücklich ein »slowakisches Gulasch« zu nennen, und die mich sanft korrigieren, wenn ich ihren historischen Helden Jánošík als »slowakischen Robin Hood« bezeichne. »Es ist andersrum, Robin Hood war der englische Jánošík.« Auf der anderen Seite die koreanische Kolonie, erbaut für die Manager des KIA-Werks Žilina, aus hundert Wohneinheiten bestehend, angelegt nach den strikt hierarchischen Prinzipien der koreanischen Gesellschaft.

Ich räume ein, dass ich nichts über die koreanische Gesellschaft weiß. Der Bekannte, der mich an jenem Sonntag gefahren hat, wusste zu berichten, dass Südkorea wie besessen Übersetzungen europäischer Kinderbücher kauft. Er hatte ein solches Kinderbuch als Gastgeschenk dabei, in koreanischer Sprache und mit lieblichen Cartoons illustriert.

Wir fuhren zuerst in das Dorf, auf dessen Territorium die Kolonie liegt, nach Krasňany. Hinein in die »krčma«, in die lokale Kaschemme, und angehört, was für einen Reim sie sich auf die neuen Nachbarn machen. Nach wenigen Minuten hatte ich eine Einladung zum Familiengrill, einen Eindruck von der Bitterwurzel-Schnaps-Spezialität »Horec« und ein Dutzend individuell grundierter Korea-Theorien.

Halbwegs einig waren sie sich in einem Punkt:

Die Koreaner schotten sich ab. Keiner von ihnen hatte die Kolonie seit dem Ende der Bauarbeiten betreten. Als Ereignis wurde verbucht, dass am Vortag zwei Koreaner auf dem alljährlichen Dorffest erschienen waren. »Sie leben jetzt schon ein Jahr dort oben«, sagte einer, »aber ich sehe höchstens mal einen beim Sporteln. Mir kommt vor, sie joggen viel.« Eine junge Frau meinte, die Koreaner legten größten Wert auf Disziplin: »Den Arbeitern bleibt nicht einmal genug Zeit zum Essen.«

Auf seinem Stammplatz seitlich vom Tresen saß ein älterer Haudegen, der schon mit Koreanern gearbeitet hatte. Nicht mit den Managern von oben, sondern mit einer fünfzigköpfigen Brigade von Monteuren. »Das sind die Grauslichsten überhaupt«, schimpfte er los und erhob sich für eine Pantomime, in der er gleichzeitig die Verhaltensweisen der koreanischen Arbeiter und seine Abscheu präsentierte. »Die schmeißen alles weg, wo es ihnen gerade einfällt, rauchen pausenlos, lassen überall die Stummel fallen. Die kennen überhaupt keinen europäischen Benimm!« Damit ich das slowakische Geschimpfe auch gewiss verstehe, rief der Wirt vom Zapfhahn her auf Deutsch: »Schweinerei!«

Ein frühpensionierter Berufsschullehrer hat etwas Schönes erlebt. Er bretterte mit seinem Honda-Motorrad über eine weit abfallende Wiese der Umgebung, da spazierte ihm ein koreanisches Pärchen entgegen. Die Frau habe ihm zart und scheu zugewinkt, erzählt er. »Es war die Frau«, betont er gerührt und spielt ihr asiatisches Winken nach.

Einig waren sich die Dörfler von Krasňany in einem weiteren Punkt: Das koreanische Restaurant, in dem ich essen wollte, war ein Gerücht. Und da wir uns nicht angemeldet hatten, würde uns der slowakische Sicherheitsdienst nicht in die Kolonie hineinlassen. Nicht in hundert Jahren.

Wir fuhren los. Kurz danach sahen wir es. Großräumig eingezäunt, in eine weiche, geleerte, in einem weiten Bogen ansteigende Landschaft gelegt. Unten zweistöckige Appartement-Gebäude in einem abgemilderten Weiß. Die Fenster bis zum Boden, weiße Vorhänge bis zum Boden, in identischer Form, an allen Gebäuden, an allen Fenstern. Flachgiebelige Dächer, das Erdgeschoß für Garagen. Dazwischen Rasenflächen, Betonflächen, kein Mensch. Dahinter, den luftholenden, in einer hermetischen Rasenfläche ansteigenden Hang hinauf, die Auffahrt zu den Villen der Chefs.

Die ansehnliche Saab-Limousine meines Fahrers erwies sich als ein Segen. Wir näherten uns der Pforte, ich nickte dem slowakischen Wächter wortlos zu, und der Schranken tat sich auf.

Wir waren drin. Mein Fahrer fuhr direkt den geschwungenen Bogen auf die Anhöhe hinauf. Durch die großzügige Verglasung des Hallenbads war Leben zu erkennen, ein paar Mädchen in Badeanzügen. Die Villen lagen auf dem Rücken des Hangs, auch sie bis auf eine identisch, mit einem erhebenden Weitblick.

Bei der letzten Villa, die als einzige zweistöckig war, standen wir an. Wir drehten um und hielten vor dem zweitletzten Haus. Dort war jemand, die Haustür stand offen, eine gedrungene schwarze KIA-Limousine stand davor. Es könnte das Haus des Vizepräsidenten gewesen sein.

Ich stieg aus, mein Fahrer hielt das Kinderbuch bereit. Ich sah von Weitem eine Frau im Inneren des Hauses sitzen und einen Mann neben ihr stehen. Sie schauten auf etwas im Raum, es könnte ein stummer Flachbildschirm gewesen sein. Ein weißer Pudel kam herausgelaufen und kläffte mich an. Das Paar reagierte nicht auf mich. Ich näherte mich langsam und unter Entschuldigungen dem Haus, bis mir der Mann endlich entgegenkam. Ich erklärte auf Englisch, dass uns das koreanische Leben in der Slowakei interessiert.

Er war seriös angezogen und sagte mir in geringen Variationen das eine: »You cannot be inside. Go outside!« Ich sicherte unser Verschwinden zu, hätte aber gern noch ein paar Worte gewechselt. Da war nichts zu machen. Ohne irgendwelche Floskeln wiederholte er: »Go outside!« Er lächelte dabei.

Wir nahmen die Einladung zum slowakischen Familiengrill gerne an. Es war eine große Familie. Die 87-jährige Großmutter war früher die Wirtin von Krasňany gewesen, in der staatlichen Krčma, die zuerst »Zukunft« und dann »Einheit« hieß. Die 24-jährige Enkelin trug ihre Gedichte vor, die von der Muttergottes, von der Seele des Vaterlands und von der besänftigenden Wirkung der Bergwelt handeln.

Ich muss sagen, ich habe mich sauwohl gefühlt. Eine letzte Korea-Geschichte hat mich dann aber doch wieder neugierig gemacht auf die Kultur dieses mir fremd gebliebenen Volkes. Der integrierteste Koreaner von Krasňany, das ist ein Jogger. Er kommt verschwitzt in die Krčma gerannt, zeigt auf den Zapfhahn, kippt zügig sein Bier hinunter. Und dann rennt er dynamisch weiter.

Wo man Hochzeit macht

Sollte ich je gefragt werden, was man in Eisenstadt tun kann, weiß ich nur eine Antwort: Heiraten! Früher hätte mich die Frage in Verlegenheit gestürzt. 1925 zur Landeshauptstadt erhoben, nimmt sich die 12.000-Einwohner-Gemeinde immer noch wie ein mittlerer Bezirkshauptort aus. Samstags um zwölf sperrt alles zu, und wenn einem auf den Straßen der Haydnstadt dann noch ein Passant begegnet, möchte man ihn vor Erleichterung umarmen.

Wer in Eisenstadt traurig werden will, kann das jüdische Viertel aufsuchen. Angeblich ein »europäisches Unikum«, bestand »Unterberg-Eisenstadt« von 1732 bis 1938 durchgehend als eigenständige Gemeinde. 31 dicht gesetzte Häuser, am Ende von 446 Juden bewohnt, von einem eigenen Bürgermeister regiert.

Unmittelbar nach dem »Anschluss«, im April 1938, mussten die Eisenstädter Juden fort. Als im Novemberpogrom desselben Jahres die Hauptsynagoge verwüstet wurde, tobte sich der Mob in einer Stadt ohne Juden aus.

Heute leben noch zwei jüdische Familien in Eisenstadt. Wo die Synagoge war, ragt der nüchterne Neubau einer Versicherung auf. Der alte jüdische Friedhof, auf dem der berühmte Rabbi Meir Ben Isak Eisenstadt begraben liegt, ist hinter einer Spitalsgarage verborgen. Dort steht: »Notarztwagen. Ausfahrt freihalten!«

Der Friedhof ist abgesperrt. Den Schlüssel kann man sich im jüdischen Museum holen, im sanft renovierten Wertheimerhaus, an dem draußen noch die »Schabbeskette« hängt, mit der die Gemeinde am Sabbat Fuhrwerke ferngehalten hat. Die Museumswärterin riet mir ab: »Der Friedhof ist ganz verwachsen, es könnt' Sie eine Schlange beißen.«

Wer in Eisenstadt lustig werden will, kann auf eine Hochzeit gehen. So wie an einem sommerlichen Samstag ich, eingeladen von einem Cousin, als einer von 166 Gästen. Alle kamen von weit her angereist, die Gäste des Bräutigams aus dem Mostviertel, die Gäste der Braut aus Tirol.

Ich stellte rasch fest: Eisenstadt bewährt sich zum Heiraten. Haydns Bergkirche hat die richtige Größe, »Haus der Begegnung« und »Hotel Mayr« verfügen über genügend Betten, in der Orangerie von Schloss Esterhazy wird vornehm getafelt, die Preise sollen erträglich sein, und im Schlosspark – auf den gewundenen Felstreppen über dem Schlossteich – lässt sich die Braut aufs Malerischste stehlen.

Die Braut war schön, und ja, sie hat nach dem Jawort geweint. Vor der Orangerie hielt der Hochzeitszug inne, eine Tamburica-Gruppe spielte auf Burgenlandkroatisch auf. Zur Musik tanzte ein schlitzohrig grinsender Bursche Kunststücke vor. Zuerst eins mit einer Heugabel, dann eins mit einer Karaffe Rotwein auf dem Kopf, dann eins mit Heugabel und Karaffe zur gleichen Zeit. Als er den Liter Rotwein schließlich ex nahm, hatte er die Ortsfremden geknackt.

Kaum hatte sich herumgesprochen, was das für eine Sprache war, in der die Musikanten sangen, sangen diese ein Volkslied auf Deutsch:

Einmal kommt der Tag
wo man Hochzeit macht im Burgenland
Sie ist mir anvertraut
sie ist ja meine Braut.

Von hinten drang eine fremdartige Frauenstimme an mein Ohr. Ich drehte mich um und sah einen Menschen mitsingen, der sonst niemals singt. Meine Mutter! Ihr Vater, mein verstorbener Mostviertler Großvater, habe dieses Lied immer auf der Ziehharmonika gespielt, erklärte sie mir. Und sang ungerührt weiter:

Die schöne Burgenländerin
Sie ist mir anvertraut
sie ist ja meine Braut.

Als das Lied aus war, fügte Mama noch hinzu: »Ich weiß auch nicht, wieso der Opa das immer gespielt hat.« Ich weiß es noch weniger. Irgendwie hat er recht behalten.

Quelle der Hoffnung

Einmal bin ich auf den zweithöchsten Berg der Kleinen Karpaten gegangen. Die Vysoká ist 754 Meter hoch, das beeindruckt niemanden, doch hätte ich mit dem höchsten Berg der Kleinen Karpaten keinen größeren Eindruck gemacht. Jener ist 767 Meter hoch, und laut Wanderführer wird »die Aussicht durch Bäume behindert«.

Wahrscheinlich geht der Mensch zur Ertüchtigung und zum Naturgenuss in die Berge, vielleicht auch um den Göttern, an die er immer weniger glaubt, immer noch ein Stück näher zu sein. Ich aber habe auf der Vysoká etwas Exklusives gefunden. Es ist selbst im besten Kartenmaterial der Slowakei nicht verzeichnet.

Da sie die zweieinhalb Stunden Aufstieg mit einer erhabenen Aussicht belohnt, ist die Vysoká bei Pressburgern beliebt. Die Kleinen Karpaten verhalten sich zu Bratislava wie der Wienerwald zu Wien: Beides sind Mittelgebirge, die auf dem jeweiligen Stadtgebiet ihren weinseligen Anfang nehmen.

Der Wanderweg aus Kuchyňa war gut markiert. Zuerst eine Kuhweide ohne Kühe, dann durch Laubwald hinauf, hinunter ins Tal des Vývrat-Baches, vorbei am gleichnamigen Erholungsheim, und wieder Laubwald, wieder hinauf.

Ich wurde von einer erfahrenen österreichischen Alpinistin begleitet, die siebzig Bergtouren im Jahr geht. Auf den breiteren Wegen hat sie mir vom Kilimandscharo erzählt, von den unsagbaren Strapazen auf 5893 Metern, und dass man von oben keineswegs auf Afrika hinunterschauen kann. Sie erzählte mir von dem Gletscherhahnenfuß, den sie am Zischgenferner der Stubaier Alpen sah. Ich lauschte gebannt, stellte mir die einsame weiße Blume im ewigen Eis vor, und schon hatten wir uns verirrt.

Die Alpinistin war voran durch ein feuchtes Dickicht marschiert und rief mir zu: »Da steht was: Prameň nádej.« Ich schlug mich ebenfalls durch das Dickicht und sah mir im Waldstück dahinter den Fund an. Es war ein auf Kniehöhe hochbetoniertes Stück, das mit trockenem Laub gefüllt war und aus dem ein trockenes Plastikrohr ragte. Auf den Beton war eine schwarze Tafel im Stil eines Grabsteins gesetzt: »Quelle Hoffnung. Wird vom Klub der Abstinenten in Rohožník erhalten.«

Gewiss hat es mir auf der Vysoká gefallen. Oben wird der Kamm aus hellem Kalkstein schroff, der Gipfel empfängt einen mit theatralischer Geste. Doch ab dem Zeitpunkt, da ich vor der vergessenen Quelle der Hoffnung stand, hat mich ein Vorhaben mit Vorfreude erfüllt: beim Branntweiner in der Ebene nachzufragen, was aus dem Klub der Abstinenten geworden ist.

In der Ebene erwies sich, dass Rohožník aufgrund eines Zementwerks größer ist als die benachbarten Dörfer. Ich ging zum Wirt an der Hauptstraße, zufällig stand auch der junge Bürgermeister am Tresen.

Beide kannten den besagten Klub, Rohožník scheint der Hauptort der slowakischen Abstinenz zu sein. »In diesem Jahr war auch wieder der Abstinenzlerball bei uns«, erklärte mir der Bürgermeister. »Bei der Plattenbausiedlung, im Haus der Kultur«, der sozialistischen Institution, die von den Slowaken schnoddrig »Kulturák« genannt wird.

»Ist das nicht ein fader Ball?«, habe ich ihn gefragt. Er hat geantwortet: »Sie amüsieren sich.« Eigentlich war meine Frage dumm. Kann man denn wissen, ob man nicht gerade in Rohožník den Menschen fände, mit dem man bis ans Ende seiner Tage gehen will? Unter 150 slowakischen Abstinenzlerinnen und Abstinenzlern, im Kulturák eines záhorischen Zementarbeiterdorfs, ohne Champagner, ohne Tabak, ohne Kaffee, aber mit Förderzuschuss vom Sozialministerium? Der nächste Ball kommt bestimmt.

Der Referent

»Die Euphorie ist vorbei«, sagt er immer wieder. Das soll abgeklärt klingen, aber sein Blick passt nicht dazu. Als wir am Abend im Café sitzen, ist der Endfünfziger aufgekratzt. Nicht weil es ihn regelmäßig an den Straßenrand treibt, von wo er feststellen kann, ob auch keiner seinen neuen Fünfer-Golf knackt. Nein, Rupert Teigschl ist aufgekratzt, weil er »vom Ost-Bazillus befallen« ist. Das mit dem Bazillus, das sagt er selbst über sich.

Ich sitze mit Teigschl im Café meines Herzens, das ich nach meiner langen, durchlittenen und im Übrigen völlig überflüssigen Suche gefunden habe. Allein der Name des Cafetiers ist ein Versprechen: Zeno Zenuni. Und sein Café liegt um die Ecke, auf der Eisnerova, mitten in Devínska.

Teigschl ist ein Landwirt aus Engelhartstetten, ein Marchfeldbauer im Vollerwerb, er kann davon leben. Er baut Getreide und Zuckerrüben an, die liefert er an die Leopoldsdorfer Zuckerfabrik. Sein Rüben-Kontingent war lange Zeit ein gutes Geschäft, nach der EU-Zucker-Reform nicht mehr so ganz. »Som spokojný«, sagt er jedoch, »ich bin zufrieden.« Seine Rüben werden für die expandierende Ethanol-Produktion gebraucht.

»Slowakisch-Referent der ÖVP im Gerichtsbezirk Marchegg«, das ist der Titel, den Teigschl trägt. Nichts macht mich so neugierig wie diese Funktion. »Das ist doch vollkommen unbedeutend!«, ruft er aus, der frühere Bezirkskammerrat, der sich eigentlich aus der aktiven Politik zurückgezogen hat. In der Tat: Es mag höhere Weihen geben, zumal die Parteifreunde das Ehrenamt eigens für ihn, den Absolventen mehrerer Slowakisch-Kurse, geschaffen haben.

Aber kann das unbedeutend sein, ein Slowakisch-Referent im Gau der Markomannen? Wo besonders diejenigen alles Slowakische fliehen, die etwas »Schlowackisches« in ihrem Blut vermuten? Wo eine eingeheiratete Slowakin lebt, die Österreichern professionell Slowakisch beibringt, die mit ihrem eigenen Kind aber kein Wort Slowakisch spricht?

Was mir der hochgewachsene Referent erzählt, stimmt mich froh. Er erzählt von den Leuten, die er schon zum Slowakischlernen angestiftet hat; von den slowakischen Kellnerinnen des Dorfwirts, die von Marchfeldern weggeheiratet wurden; von der Exkursion in das VW-Werk, die er »in seiner Eigenschaft« organisiert hat, und vom Pianisten in seinem Pressburger Lieblingscafé, dem »Danube«.

Er erzählt von damals, vom Eisernen Vorhang. Einige Male sind sie damals an die Donau gefahren, in den Ostblock zu schauen, über den Fluss, auf die Wachtürme unterhalb der Burgruine Devín.

Einmal hat ein Grenzsoldat drüben einen deutschen Schlager abgespielt, »Ein Schiff wird kommen«. Zufällig einer meiner liebsten Schlager, eigentlich das Lied einer Hafenschlampe.

Ich bin ein Mädchen aus Piräus
und liebe den Hafen, die Schiffe und das Meer
Ich lieb' das Lachen der Matrosen, ich lieb'
   jeden Kuss
der nach Salz schmeckt und nach Teer.

Teigschl erzählt von der Wallfahrt nach Marianka. Immer am 1. Mai ziehen die Pilger los. Bahnhof Marchegg, eine siebenminütige Bahnfahrt, Bahnhof Devínska, und dann zu Fuß in den Gnadenort am Nordhang der Kleinen Karpaten.

Teigschl geht jedes Jahr mit, und ein einziges Mal ist auch sein mittlerweile verstorbener Vater mitgegangen. Der alte Engelhartstettner war über fünfzig Jahre nicht am anderen Ufer der March gewesen, und auch nach 1989 hat er viele Jahre mit sich gerungen, ehe er sich den österreichischen Pilgern angeschlossen hat. Kaum in Devínska angekommen, zeigte er auf das geschlossene Kino und sagte zu seinem Sohn: »In dem Kino war ich schon.« Und auf dem Rückweg von Marianka seilte sich der alte Herr überhaupt ab. Denn in der Spelunke am Fischteich, da war er wohl auch einmal gewesen.

»Die Euphorie ist vorbei«, sagt Rupert Teigschl wieder, als ich ihn bei seinem unberührten Fünfer-

Golf verabschiede. Im nächsten Moment ruft er: »Wir hätten ja nie geglaubt, dass der Eiserne Vorhang einmal aufgeht!« Er sagt es ungläubig staunend, im achtzehnten Jahr nach der Grenzöffnung, mit der frischen Begeisterung eines Pioniers. Die Euphorie ist vorbei, das kann er jemand anderem erzählen.

Ein Trdelník auf Reisen

Auf dem Batakanal fährt ein Boot, auf dem kriegt man ein tschechoslowakisches Gefühl. Das kleine Boot verkehrt im Sommer, die Passagiere stehen am Geländer, schauen auf das Ufer des schmalen Kanals. Ab und zu ein Baum, ansonsten Gras und Schilf, die längsten Halme zum Greifen nah. Zügig tuckert das Boot durch die flache Landschaft.

Seit 2007 läuft das Boot auch den kurzen slowakischen Abschnitt des Batakanals an. Ja, es gibt Völker, die mögen einander. Jahre nach der Spaltung, die eine Idee der Regierenden war, entdecken Tschechen und Slowaken ihre Zuneigung neu. Die Slowaken stoßen sich nicht daran, tschechisch synchronisierte Filme zu sehen. Den Tschechen ist das Slowakische fremd geworden, aber in Prag hält es niemand für einen Skandal, wenn die tschechische Professorin zu ihrer slowakischen Studentin sagt: »Beantworten Sie die Prüfungsfragen ruhig auf Slowakisch! Ich höre es so gern.«

Nirgends gehen die beiden Nationen so weich ineinander über wie in der Gegend, die auf der slowakischen Seite »Záhorie« und auf der tschechischen »Mährische Slowakei« heißt. Ohnehin sind einander Tschechisch und Slowakisch bei gutem Willen verständlich, die Dialekte am Batakanal tun ihr Übriges. In Hodonín wurde der tschechoslowakische Gründervater T. G. Masaryk geboren, Sohn einer mährischen Köchin und eines slowakischen Kutschers.

Ich begann meinen tschechoslowakischen Sonntag in Skalica, in der Slowakei. Die einstige »freie Königsstadt« blickte zu der Zeit gebannt nach Brüssel. Von dort sollte die Bestätigung kommen, dass der Skalitzer »Trdelník« europäischen Markenschutz genießt.

Der rohrförmig gebackene Nusskuchen ist der ganze Stolz der Stadt. Aus dem jährlichen »Trdlofest« geht ein »Maxitrdelník« hervor, und für den Hausgebrauch hat die Dame von der Touristeninformation auch mir ein Exemplar vermittelt. Ich steckte die verpackte Mehlspeise in meine Reisetasche und ließ mir Skalicas zweite Sehenswürdigkeit aufsperren, das Záhorie-Heimatmuseum. Die dortige Aufseherin führte mich schweigend durch die Räume, nur einmal erhob sie die Stimme. Ihr Hinweis galt einer unscheinbaren Holzwalze: »Damit bäckt man den Trdelník.«

Die dritte Attraktion blieb mir verwehrt. Zwanzig Minuten würde ich zum Hafen spazieren, versicherte mir die Dame in der Touristeninformation. Ich trat auf den Hauptplatz hinaus und sah eine Wandertafel: »Hafen, 1:00«. Ja, ich habe mein Boot ins Mährische verpasst. Ja, es war das letzte Boot des Tages. Ja, es war das letzte Boot der Saison. Nein, ich bin nie auf dem Batakanal geschippert.

Ich bin stattdessen am Batakanal gewandert, nicht ohne Wut im Bauch. Der Kanal wurde zwischen 1932 und 1938 erbaut, um Batas junge Braunkohle zu Batas Fabriken zu befördern. Nach 1960 lag er brach, seit den Neunzigern wird er touristisch vermarktet.

Ich kam in den nächsten Hafen, der ganz anders war als die lärmende, frisch mit EU-Geldern gezimmerte Anlegestelle von Skalica. Der Name klang herb: »Výklopník«, die Auskippe.

Ich war aber in ein Kleinod geraten. Kleine Brücken spannten sich über »Fojtíks Inseln«, im Wasser lagen himmelblaue Boote, die Aussicht vom Industriedenkmal des Auskippturms war reizend. Ein Großmütterchen im Sommerkleid lag ausgestreckt auf einer Holzbank. Grenzposten war mir keiner begegnet. Erst als der Budenwirt tschechische Kronen von mir wollte, hatte ich es amtlich, dass ich nach Tschechien eingesickert war.

Auf all meinen Wegen hat mich der Trdelník begleitet. Ich hatte ihn beim Rennen, Verirren und Rasten, beim Flanieren und beim Bahnfahren dabei, über Sudoměřice, Hodonín, Břeclav, bis nach Hause. Am Abend angekommen, schnitt ich mir eine Scheibe von dem hohlen Rohr herunter. Schmeckt nach Nuss.

Wieder Weltkrieg

Am 28. Juli 2007 war ich Zeuge einer frivolen Show. Tausende waren in die slowakische Provinz Tekov geströmt, in das Dorf Starý Tekov, gleich hinter dem Atomkraftwerk Mochovce. Am Ufer des Flusses Hron wurde im März 1945 eine verlustreiche Schlacht ausgetragen. Am 28. Juli 2007 wurde sie nachgespielt.

Die »Kämpfe an der Hron« werden von Jozef Hostinský veranstaltet, einem tüchtigen Geschäftsmann, der Fasane züchtet, Dichtungen herstellt und nebenbei den slowakischen »Klubs für Militärgeschichte« als Obmann vorsteht.

Die Veranstaltung fand zum zweiten Mal statt, der Eintritt betrug hundert Kronen. Der Parlamentspräsident war da, der Verteidigungsminister, das russische Staatsfernsehen, und neben tschechischen Militärklubs haben erstmals auch ungarische Freizeitkrieger mitgemacht. Immerzu am Rekrutieren von Berufssoldaten, hat die slowakische Armee ihre Waffen gezeigt und tarnfarben verpackte Kondome mit der Aufschrift »Professionelle Armee« verteilt.

An solch einem Tag erweist sich, wie ausgewogen der mitteleuropäische Genpool sortiert ist. So deutsch wie die Darsteller der Wehrmachtssoldaten sehen die Deutschen schon lange nicht mehr aus, so russisch wie die Darsteller der Rotarmisten zeigt sich kein Russe mehr. Der eifrig herumkurvende Wehrmachtsmotorist mit dem ausdruckslos stahlblauen Blick, die würdevoll durchreitenden Kosaken mit den buschigen Bärten – wie unwohl muss ihnen den Rest des Jahres in ihrer slowakischen Haut zumute sein!

Ich wollte wissen, ob es ein Mastermind gibt, das die Physiognomien der passenden Armee zuweist. Bei einem offenen Wehrmachtswagen, auf dessen Heck »Abstand 30 m« gesprüht war, lungerten Wehrmachtssoldaten im Gras. Ich sprach sie an, aber wir verstanden einander nicht, sie waren Ungarn.

Also fragte ich den schneidigen SS-Mann mit dem markanten Kinn, ob er gern ein Deutscher sei. Er hat mir das auf Slowakisch bejaht: »Jeder kann sich aussuchen, auf welcher Seite er antritt.« – »Und was ist populärer, Deutscher oder Russe?« – »Das teilt sich ganz gut auf, halbe-halbe.«

Die Schlacht selbst hat neunzig Minuten gedauert, so lange wie ein Fernsehkrimi, von 13:10 bis 14:40 Uhr. Die Dramaturgie hat erfordert, dass die Verwundeten schon mit durchgebluteten Verbänden in den Kampf zogen, doch war das Drehbuch perfekt einstudiert. Auf dem abgedroschenen und eingezäunten Feld, das ebenfalls Hostinský gehört, sah man Schützengräben, Originalfahrzeuge, eine Rot-Kreuz-Station und Rauchschwaden in verschiedenen Farben. »Dawaj, dawaj!«, riefen einander die Russen zu. »Los, los!«, brüllten die Deutschen.

Es hat dem Verständnis sehr gedient, dass dieser Weltkrieg durchmoderiert war. »Der deutsche Kommandant kontrolliert die Dokumente«, hob die Stimme des Moderators an, um die Vorgänge beim deutschen Wachposten zu erläutern. Dort fand der Kommandant heraus, dass einer der Kontrollierten nicht zur Truppe gehörte. Zwei Soldaten stießen den Mann aufs offene Feld hinaus, zwangen ihn auf die Knie, stellten sich hinter ihm auf und erschossen ihn. Der Moderator schwieg. Kurz darauf erklärte er: »Auf sehr grausame Weise erschießen die Deutschen den Soldaten.«

Unter den Zuschauern habe ich vorwiegend amüsierte Kommentare gehört. Das Dargestellte war aber zu keinem Zeitpunkt lächerlich. Das Heulen der Katjuscha ging mir durch Mark und Bein.

Am Ende hatten 270 Darsteller 20.000 Patronen verschossen, beinahe jeder Bub hatte von den Eltern eine Plastik-MG bekommen, und der Darsteller, der knapp vor den Zuschauern einen Gefallenen spielen musste, hatte in der Mittagssonne durchgehalten. Und die Strohstoppeln auf Hostinskýs Feld, die haben wirklich gebrannt.

Ballade von der Sinica

Nach Jahren kehre ich an den See von Jakubov zurück. Dutzende solcher Seen liegen über die Záhorie-Ebene verstreut, kleine Baggerseen, welche die Slowaken einfach nur »See« nennen oder nach ihrer Herkunft »Kiesgrube« oder »Sandgrube«.

Fünf Kilometer von Angern entfernt, wäre die alte Kiesgrube von Jakubov der reizvollste See der Gegend. Die Ufer sind großteils von ausgewachsenen Laubbäumen gesäumt, das wellblechromantische Strandbuffet atmet die Aura träger Weltabgeschiedenheit, und inmitten des kleinen Sees liegt eine hübsche Insel. Wäre da nicht eine Kleinigkeit.

Als ich den See vor Jahren entdeckte, war das ein Gewittertag in der Vorsaison. Kein Mensch war zu sehen. Ich schwamm zu der Insel, auf der zwischen Bäumen ein Bunker steht, einer von beinahe 10.000 Bunkern des »Tschechoslowakischen Walls«, den die letzte Demokratie Mitteleuropas ab 1935 gegen die erwartete Aggression Hitlerdeutschlands errichtet hat.

Es gefiel mir so sehr, dass ich in der Hauptsaison wiederkam, diesmal in Begleitung einer Frau. Rund um den See saßen dicht gestaffelt Fischer. Wir lagerten uns zum Picknick, und meine höfliche Begleiterin fragte den nächsten Fischer, ob es ihn auch nicht störe, wenn wir seitlich von seinem Angelplatz ins Wasser gingen. »Mir ist das gleich«, sagte der Mann mit ernstem Gesicht, »aber siehst du hier irgendwen schwimmen? Weißt du nicht, dass der See mit der Sinica verseucht ist, die beim Schwimmen in die Schleimhäute kriecht? Ein bisschen Pech, und sie macht dich unfruchtbar.«

Das hat gereicht. Im Weggehen argumentierte ich noch, die slowakischen Fischer seien sich für keine Gräuelpropaganda zu schade. Aber die Frau ließ mich nicht ins Wasser. Ihr Widerstand war stählern.

Zwei Sommer später bin ich wieder da. Die Pappeln schimmern silbern im Sonnenlicht, ein weißer Schwan umrundet gemächlich die Bunkerinsel, fahlbraune Algen ranken sich weit in den See hinaus. Eine Tafel weist den See als Karpfenrevier aus, eine andere zeigt das Badeverbot an. »Aus gesundheitlichen Gründen – Vorkommen von Sinica.«

Es ist ein heißer Sonntag, niemand schwimmt. Alle guten Uferplätze sind von den Familienlandschaften der Fischer besetzt, von dauerhaft angelegten Mittagstischidyllen zwischen Wohnwagen, Zelt und Grill. Das Campingmaterial ist alt, zusammengestoppelt, schlicht, die Angelruten hingegen sind hochempfindliche vollelektronische Multi-Köder-Programme, die unbeachtet von den rastenden Fischern ihre Arbeit tun.

Ich gehe zum Strandbuffet »Zlaté Ruže«, einem

rostbraun gestrichenen Container mit einem langen Dach aus Wellblech davor. Ich bestelle wie damals gebackenen Karpfen und frage wie damals, ob der Fisch aus dem See stammt. »Nein, der wird zugekauft«, antwortet die dralle Wirtin amüsiert, wie damals.

Ich bin der einzige Gast. Am Ufer sonnen sich die jüngeren Körper der Wirtsfamilie, eine Angel ist installiert. Der alte Wirt döst auf einem alten Fauteuil, halbnackt unter dem Wellblech, die Füße in dunkelgrauen Socken hochgelagert, die Leibesmitte in eine hellgraue Unterhose gehüllt.

Und ich darf nicht ins Wasser. Dabei habe ich gelesen, die Sinica löse lediglich Allergien und Bindehautentzündungen aus. »Cyanobacteria« sei in dreieinhalb Milliarden Jahre alten Fossilien nachgewiesen worden. Sie soll sogar die dominante Lebensform der Erde gewesen sein, anderthalb Milliarden Jahre lang. Grundgütiger, was hat die Sinica für einen Atem! Was ist dagegen ein fauler Menschentag im Strandbuffet zur »Goldenen Rose«? Wenn wir einmal nicht mehr sind, macht die Sinica weiter.

Auf dem Postenstand

Einmal habe ich einen Tag unter Soldaten verbracht. Beim Assistenzeinsatz des Bundesheers, an der Ostgrenze Österreichs, als sie noch Schengengrenze war. Ich habe eine der letzten Gelegenheiten genutzt.

Unter westlichen Demokratien ist es nicht üblich, die Armee in Friedenszeiten an die Grenze zu stellen. In Deutschland untersagt das die Verfassung, in Österreich hat der Assistenzeinsatz das Ansehen des Bundesheers gemehrt. Etwa 340.000 Soldaten waren zwischen 1990 und 2007 an der ungarischen und der slowakischen Grenze eingesetzt, großteils Rekruten zwischen achtzehn und zwanzig Jahren, aus allen Bundesländern. Was der Ministerrat zunächst als Provisorium von zehn Wochen beschloss, hat mehr als siebzehn Jahre gedauert und eine ganze Generation geprägt.

Oberst Sepp Erhard hat mich geführt. Der 61-Jährige stammt aus Lunz am See, dem »Kältepol Mitteleuropas«, und hat die raue Herzlichkeit eines abgeklärten Haudegens ausgestrahlt. Er spürte sicherlich sofort, dass ich nicht gedient hatte, war aber höflich genug, nicht zu fragen.

Den Einsatz beschrieb er mir als »Katz-und-Maus-Spiel« mit Schleppern, welche die Grenze nach Weltregionen aufgeteilt hatten. Wo wir unterwegs waren, zwischen Wolfsthal und Kittsee, war »Ex-Sowjetunion«, von einem jungen Offizier »Rest-Russland« genannt. Weiter die March hinauf, in meiner Nähe, war offenbar »Pakistan«. Die Geschleppten seien oft vollkommen orientierungslos, hat Erhard erzählt. »Der Schlepper zeigt auf die beleuchtete Kirche von Deutsch-Jahrndorf und sagt ihnen, das sei der Kölner Dom. Geht dort hin, dann seid ihr in Deutschland!«

Der Oberst sprach offen aus, was das erste Ziel des Assistenzeinsatzes war – dem Staat Geld zu ersparen. Interne Berechnungen hatten ergeben: Was die jeweils 2000 Rekruten in ihrem jeweils sechswöchigen Turnus gekostet haben, dafür hätte man einen Grenzpolizisten gerade einmal drei, vier Tage gekriegt.

Im »Kompaniegefechtsstand« Kittsee, einer umgebauten Firmenhalle, war ich Gast einer Kärntner Kompanie. Es gab Kaffee und Kuchen, ich saß in einer Runde hoher Offiziere und schnitt das empfindlichste Thema an. Etwa zwanzig Rekruten haben sich im Assistenzeinsatz umgebracht.

Ich habe die Offiziere gefragt, ob sie es für verantwortbar hielten, Teenager mit dreimonatiger Ausbildung der Angst, der Langeweile und dem Elend der Schengengrenze auszusetzen, vorwiegend bei Nacht. Ja, hat der sportliche Bataillonskommandant gesagt. Ja, hat der junge Militärpfarrer gesagt.

Ja, hat mein Oberst gesagt. Erhard fügte hinzu, dass er die Untersuchungskommission bei 18 Todesfällen geleitet habe. »Kein einziger Todesfall stand in einem ursächlichen Zusammenhang mit dem Assistenzeinsatz an der Grenze. Das traue ich mich zu sagen.«

Auf die Frage nach der Angst bekam ich stets die Antwort, dass die Rekruten in Zweier-Trupps hinausgeschickt würden. Stets habe ich den passenden Spruch dazu gehört: »Einer ist ein Feigling, zwei sind Helden.« Als mich der Oberst zu einem Trupp fuhr, habe ich das Thema Angst von unerwarteter Seite kennengelernt. Der Rekrut, der dem Oberst Meldung machen sollte, war von dem hohen Dienstgrad dermaßen eingeschüchtert, dass er kaum ein Wort herausbrachte, eine quälende halbe Minute lang.

Für die Nacht hatte ich gebeten, eine typische Nachtwache erleben zu dürfen, so still wie sie war. Der Oberst war über meinen Wunsch ein wenig amüsiert, aber er war die ganzen siebzehn Jahre an der Grenze gewesen, er hatte schon deutsche, amerikanische und australische Fernsehteams geführt. Er hat sich wohl gesagt, den drücke ich auch noch durch.

Wir wurden über matschige Feldwege zu einem Postenstand gebracht und setzten uns hinauf. Die Nacht war bewölkt, die nahe Großstadt warf etwas Helligkeit auf den slowakischen Kukuruz und den österreichischen Acker. Nach sieben Stunden Gespräch hatten wir nichts mehr zu reden. Die Zeit verging langsam. Im Ofen brannte Feuer, der Oberst hat Briketts nachgelegt und müde geraucht. Fast zeitgleich mit dem Verschwinden der Schengengrenze ging er in Pension. Die Arbeit ist getan. Die Erinnerung von 340.000 Österreichern bleibt.

Ein Sommerregen

Wenn man 300 Mal dieselbe Bahnstrecke gefahren ist, erwartet man nichts mehr. So im Spätsommer auch ich, als ich mich gegen meine Gewohnheit in ein Abteil setzte, in dem eine allein reisende junge Frau saß.

Die Frau dürfte, korrekt ausgedrückt, eine Angehörige der Ethnie der Roma gewesen sein. Wäre mir die Sprache der Märchenerzähler erlaubt, käme ich direkter zum Punkt: An jenem Wochentag hat mich zwischen den Bahnhöfen »Devínska Nová Ves« und »Erzherzog-Karl-Straße« eine schöne Zigeunerin verhext.

Sie saß in Fahrtrichtung, am Fenster. Genau genommen lag sie die ganze Zeit, die Füße in beigen Strümpfen auf den Sitz gegenüber gelagert, schläfrig ausgestreckt. Sie war schlank, trug Blue Jeans und eine eng anliegende weiße Bluse. Ihr dunkelbraunes Haar war streng nach hinten gebunden.

Der Tag war mäßig schwül. Ich verhielt mich unauffällig, trank stilles Wasser. Sie warf mir einen beunruhigend langen Blick zu. Sie lächelte herüber. Dann sprach sie mich an.

Wir stellten fest, dass wir beide in Stadtteilen Bratislavas lebten, sie in Petržalka, ich in Devínska. Wir sprachen Slowakisch, mein rustikal montierter

Grundwortschatz und ihre ungeschnörkelten Hauptsätze ergänzten sich gut. Sie duzte mich so lange, bis ich das Siezen ließ.

»Ich treffe meinen österreichischen Freund«, erzählte sie, »meinen Kameraden.« Sie kannte ihn zwei Wochen und traf ihn seither jeden Tag, immer in Wien, nachmittags im Hotel.

Einmal hat er sie bei Nacht in sein Haus außerhalb von Wien gebracht. Sie zeigte mir einen entwerteten Streifen-Fahrschein, um mit meiner Hilfe auf den Namen des Ortes zu kommen. Ich fand den Ort heraus, ein Dorf an der March, an der slowakischen Grenze.

Sie schüttelte den Kopf: »Ist das bei Prag?« – »Irgendwie in die Richtung.« Sie verzog die Nase und sah mich komplizenhaft an: »Ich will ihn nicht.« – »Du willst ihn nicht?« – »Er ist 52, ich 27. Ich will ihn nicht.«

Sie erzählte mehr von sich. Keine Arbeit, drei kleine Kinder, wohnt bei der Mutter, Kindsvater fort. »Ich bin vereinsamt.« Draußen donnerte es. Sie bestand darauf, dass im Gegenzug auch ich ihr mein Privatleben eröffnete. Ich zog die Abteiltür zu und musste nicht lange ausholen. Als hätte sie das alles schon gehört, nahm sie mir die Worte aus dem Mund.

Es gefiel ihr nicht, dass ich in die Slowakei gezogen war: »Österreich ist besser.« Dass ich an Spielfilmen mitgearbeitet hatte, gefiel ihr: »Ich wollte immer schauspielern. Ich bin ja schön.« Das habe ich ihr bestätigt. Obwohl hinter ihrer Oberlippe nur ein einziger Zahn verblieben war, war sie schön.

Sie fragte mich, was eine Fahrkarte in das Dorf ihres Kameraden kostet. »Wir haben gestritten. Vielleicht holt er mich heute nicht vom Südbahnhof.« – »Aber du willst ihn sowieso nicht.« – »Ich will ihn.« – »Warum?« – »Er macht gut Liebe.« Über das Marchfeld brach in diesem Augenblick ein Wolkenbruch herein. Unser Abteil nahm sich wie ein der Ebene entwichenes, von undurchdringlich hellen Wasserströmen umspültes Raumschiff aus.

Dieses Mal hielt ich ihrem Blick nicht stand. Ihre bloße Gegenwart wühlte mich auf. Sie hingegen schlief seelenruhig ein. Mein Herz pochte. Ich wollte sie wiedersehen. Ich musste früher als sie aussteigen, der Zug war bereits auf Wiener Stadtgebiet. Als sie kurz blinzelte, bat ich sie um ihre Telefonnummer. Sie ließ sich meine geben.

Der Zug fuhr in Erzherzog-Karl-Straße ein. Ich stand auf. »Ich will ihn nicht«, begann sie von Neuem und fügte in einem sachlichen Ton hinzu: »Weißt du was? Fahren wir auf der Stelle nach Bratislava zurück!«

Das war ein Angebot. Durchbrennen, sie und ich, auf der Stelle. Ich habe ihr gedankt. Ich hatte einen Termin wahrzunehmen. Sie hat nicht angerufen.

Zum Abschied

Im vierten Jahr meines slowakischen Exils bin ich so weit, dass ich mich nur noch bei Zeno Zenuni behaglich fühle. Zeno Zenuni ist der Inhaber eines Cafés in Devínska, ein älterer Herr von vollendeter Eleganz. Er sieht fremdländisch aus und spricht Slowakisch mit einem fremdartigen Akzent. Im Normalfall spricht er gar nicht. Nur wenn das Thema von Gewicht und einer seiner Kumpels zu Gast ist, erhebt der Cafetier seine dunkel schnurrende Stimme. Was mich angeht, fühle ich mich in seinem teilverglasten Pavillon auch deshalb so wohl, weil Zeno Zenuni mit mir nicht spricht.

Ich gebe zu, dass mein Leben in Devínska, einen Kilometer von der österreichischen Grenze, das große Prädikat Exil nie verdient hat. Ich bin freiwillig hinter die March gezogen, war immer rasch in Wien, war den Freunden und den Nachrichten des Vaterlands immer nah. Dennoch scheint es für das menschliche Bewusstsein keine Kleinigkeit zu sein, wenn das Bett, der Lidl, der Zahnarzt und das Finanzamt auf dem Territorium eines fremden Staates sitzen.

Wahre Exilanten zitieren den Spruch des mittelalterlichen Mönches Hugo von St. Victor: »Wer sein Heimatland liebt, ist noch ein zarter Anfänger;

derjenige, dem jeder Fleck Erde so viel gilt wie der, auf dem er selbst geboren wurde, hat es schon weit gebracht; reif ist aber erst der, dem die ganze Welt zu einem fremden Ort geworden ist.«

Ich überprüfe mich anhand des Zitats und stelle fest, dass ich in die Phase der letzten Reife gewiss noch nicht eingetreten bin. Doch werde ich im Streben nach vollständigem Befremden von meiner Vorstadt unterstützt.

Da wären die Alarmanlagen. Zwei Drittel aller slowakischen Kredite werden in der Region Bratislava vergeben, die Kreditsumme wächst jährlich um vierzig Prozent. Die Angst der Kreditnehmer schallt vielstimmig durch die Nacht.

Die Anlagen, die auf mich einwirken, reichen vom kecken Kurzalarm über den halbstündig heulenden Klassiker bis zu den hysterischen Medleys, die im Vier-Sekunden-Takt den Warnton wechseln. Es schlagen nicht nur Autos ohne Ursache los, auch die giftgrün und stechgelb gestrichenen Villen und die Fassade der KFZ-Werkstatt stimmen ein. Dazwischen jagen die Halbstarken, für deren Eltern der Sídlisko 1988–1989 auf die Wiese gesetzt wurde, reifenquietschend um die Kurve.

Da wäre das Haus, in dem ich wohne. Der achtstöckige Neubau beherbergt im Erdgeschoß Läden und Lokale. Typisch für die Boomtown, hat nichts Bestand. Alles unterliegt einem fortwährenden Experiment, an dessen nie erreichtem Ende die gastronomische Utopie einer Verschmelzung aller menschlichen Bedürfnisse steht.

Als in meinem Haus die erste »Café-Palatschinkeria« der Stadt entstand, war das zunächst eine Bar mit vorgelagerter Sofalandschaft, ausgerichtet auf einen Großbildschirm zum Eishockey-Schauen, und einem separaten Speisesaal. Nach kurzer Zeit wurden die Sofas herausgerissen, der Speisesaal weitete sich auf das ganze Lokal aus, und der Großbildschirm machte einem Holzofen-Aufbau Platz. Vielleicht verstörte der irre Blick des Pizzabäckers die Gäste, jedenfalls wurde auch das Adventure-Cooking wieder abgeräumt. Mit dem Verkaufsraum daneben geht es ähnlich. Das Textilgeschäft wich einem Kino-Café, das Kino-Café wich einer Sprachschule, die Sprachschule wich einem Kleinmöbel-Geschäft.

Natürlich ist das alles nicht schlimm. Auch der Schnellsprech des allgegenwärtigen Radioprogramms ist nicht schlimm, der neoproletarische Camouflage-Auftritt von Jungs und Mädels, der fleißige Vandalismus, der sich an immer denselben Bushaltestellen entzündet. Dass auf den Autos der Müllabfuhr ein bedrohliches Wortspiel prangt, »kto netriedni, je triedný nepriateľ'«, »wer nicht Müll trennt, ist ein Klassenfeind«. Dass von den schönsten Plattenbauten der Welt ein zweiter angestrichen worden ist, in einer scheußlich gestuften Kombination aus Siechgelb, Hellgrün und Tiefrot. Dass man mir – das habe ich verdient – ein Hochhaus vor die Nase stellt. Schlimm ist das alles nicht. Was wirklich schlimm ist, das sage ich noch.

Im vierten Jahr meines slowakischen Exils stelle ich fest, dass ich an Zeno Zenunis Café nicht mehr vorbeigehen kann, ohne dass es mich mit Macht hineinzieht. Weil es der einzige Punkt der Vorstadt ist, an dem sich nichts ändert?

Zeno Zenuni ist immer im Café, sieben Tage die Woche, oft schon am frühen Morgen. Er lebt wohl vom Eis, das er an seiner Eismaschine selbst produziert, ein gutes Eis, für das Devínska an heißen Sommertagen Schlange steht. Sonst ist sein Café nicht allzu beliebt; die erotischen jungen Bräute ziehen in Devínska das Solarium-Cocktail-Café vor, in dessen Mitte als theatralisch inszenierter Blickfang ein Turbo-Solarium thront. Derartige Einlagen hat Zeno Zenuni nicht im Programm. An manchen Wintertagen sitzt der Witwer allein in seinem Café.

Zeno Zenuni hat zwei Tageszeitungen aufliegen, die er selber gründlich liest, das Klatschblatt *Nový Čas* und die linksliberale *Pravda*. Ich war vollkommen umsonst durch Groß-Bratislava geirrt, mit zunehmender Verzweiflung einen Ort suchend, an dem ich unbehelligt lesen, schauen, denken kann. Ich habe den Ort gefunden, gleich bei mir ums Eck.

Bei Zeno Zenuni ist alles einfach: Die Kellnerin macht mir einen »Presso« mit Milch, wahlweise nehme ich eine Punschschnitte oder eine Sacher dazu. Ich lese auf meinem Platz, meistens liest auch der Cafetier auf seinem. Er spricht nicht, ich spreche nicht, es ist die absolute Stabilität.

In seinem Café sitzend, unter den grün in die Vorstadtnacht leuchtenden Neon-Bögen, die zweimal drei Gupf Eis darstellen, ziehe ich Bilanz. Warum fühle ich mich nirgends so wohl wie in der Aura eines Mannes, über den ich kaum etwas weiß und über den nichts herauszufinden ich mich zwinge? Weil mir die Fremde in ihm, dem in der Slowakei absolut Fremden und in seinem Café absolut Beheimateten, so klar entgegentritt, dass sie sich anfühlt wie eine neue Kategorie von Zuhause? Trete ich bereits in den Zustand der Reife ein, die uns der mittelalterliche Mönch empfahl?

Ich glaube nicht. Ich habe vier Jahre an diesem Ort gelebt, und ein Jahr lang bin ich unentwegt aufgebrochen, an alle Ecken und Enden der Gegend, forschend, beobachtend, erzählend. Jetzt will ich still sein. Jetzt erweist sich ein Cafetier, der nicht mit mir spricht, als Zuflucht, als Endpunkt, als das eigentliche und wahre Ziel meiner Reise.

Freilich könnte ich weitererzählen, ewig. Ich wüsste noch allerhand von der Art zu berichten, was man landläufig eine hübsche Geschichte nennt. In der Stunde der Bilanz scheint mir jedoch, dass ich das wesentliche Dilemma der Gegend nicht angerührt habe. Es ist nicht angenehm, für keine Seite.

Beim Erkunden dieses mental zersplitterten Raumes habe ich viele Menschen kennengelernt, die etwas für das Zusammenwachsen tun, Vermittler, Brückenbauer, Enthusiasten der Völkerverständigung. In solcher Gesellschaft wäre ich beinahe romantisch geworden.

Davor haben mich Konfrontationen mit der Wirklichkeit bewahrt. Etwa eine Veranstaltung zum Thema »Twin-City«, die mich einmal ins Pressburger Rathaus geführt hat. Hunderte Mittelschüler aus Wien und Bratislava wurden herangekarrt, die meisten zwischen sechzehn und achtzehn Jahre alt. Als die feindselige Lethargie der Wiener Saalhälfte nach Skandal zu riechen begann, hielt ich vom Podium herunter eine flammende Rede darüber, wie exotisch und aufregend unser Leben in der Gegend nicht sei. Den Schülern war das, wie man in Wien sagt, powidl.

Da übermannte den Moderator der Mut der Verzweiflung. Er rief den Wiener Schülern eine geradezu märchenhaft entgegenkommende Frage zu: »Angenommen, man bietet euch euren Traumjob an und dieser Traumjob ist supergut bezahlt, nur müsstet ihr dafür nach Bratislava ziehen – würdet ihr das tun?« Eine Weile tat sich gar nichts, die Hunderten Angesprochenen saßen ungerührt da. Dann gingen irgendwo hinten – ein wenig so, als ob sie sich kratzen wollten – zwei, drei Wiener Hände hoch.

Im vierten Jahr meines slowakischen Exils erscheint mir mein Land oft unerreichbar fremd. Gleichzeitig haben die tausend Meter Abstand gereicht, einen gesunden, gesetzten, unaufgeregten Patriotismus in mir auszubilden. Erst aus der Nachbarschaft fällt mir auf, wie viel in Österreich außer Streit steht, was alles einem stillschweigenden Konsens unterliegt, wie breit und träg und gutmütig der Strom der öffentlichen Meinung fließt. Irgendwann bin ich zu dem Schluss gelangt, dass in der österreichischen Brust zwei widerstreitende Herzen schlagen: das starke Herz einer Kolonialmacht mit dem zitternden Bewusstsein einer bedrohten Nation.

Ja, Kolonialmacht. Als weitsichtige Bosse nach 1990 aus den unbedeutenden Unternehmen der kleinen österreichischen Volkswirtschaft mitteleuropäische Konzerne formten, haben sie Österreich zu einem neuen Land gemacht. Das Land tut aber, als hätte es nichts davon gemerkt. Die Mutter aus westösterreichischem Beamtenadel, die ihr Kind im Parndorfer Shoppingpark fest umschlossen hält, »weil ja bekannt ist, dass die Slowaken immer wieder Kinder entführen«, sie bewohnt ein anderes Land. Und in meiner slowakischen Nachbarschaft heult der nächste Fehlalarm los.

Dahinter lauert das Dilemma, von dem in der Gegend keine Seite sprechen mag. Die Frage, die man in der Gegend umschifft, meist mit Schweigen oder Ignoranz oder Höflichkeiten oder indem man die Ähnlichkeit der kulinarischen Leckerbissen bis in die Lehnworte hinein beschwört.

Der Österreicher, ob er will oder nicht, betritt ein Land wie die Slowakei als Kolonisator. Selbst wenn er nicht kolonisieren will, macht ihn seine Kaufkraft dazu, und wenn es ihm an der Kaufkraft gebricht, nimmt ihn das Gegenüber doch als Kolonisator wahr. Und das ist die Kluft, und das ist schlimm. Denn dem entspricht auf der anderen Seite das Bewusstsein von Kolonisierten. Ob er will oder nicht, fühlt sich der Slowake kolonisiert. Die überproportionalen Gewinnmargen der westlichen Konzerne hat er bezahlt.

Und das ist noch nicht alles. Manchmal kneife ich die Augen zu und stelle mir für die Gegend ein Was-Wäre-Wenn vor. Was wäre, wenn die Slowakei und Österreich wirtschaftlich auf gleicher Augenhöhe stünden? Wenn die Löhne gleich wären, die Preise gleich, wenn die slowakischen Unternehmen in slowakischer Hand wären? Wenn die einen nicht wegen der billigeren Gebrauchtwagen nach Westen zögen, die anderen nicht wegen der billigeren Arbeitskräfte nach Osten?

Ich sehe mich als einen fröhlichen Menschen, beglückt von all den Begegnungen, die mir in diesem Winkel Europas widerfahren sind. Aber wenn ich mir dieses Was-Wäre-Wenn ganz fest vorstelle, wird mir schummrig, und ich blicke in ein tiefes, schwarzes Loch. Gesetzt den Fall, auf der anderen

Seite wäre kein Vorteil mehr zu holen – hätten die Völkchen der Gegend dann überhaupt noch miteinander zu tun?

Einstweilen sitze ich bei Zeno Zenuni und fürchte, dass er wieder einmal für Wochen schließt. Was, wenn er das Café einmal nicht mehr aufsperrt? Danach sieht es zum Glück nicht aus, auch er hat in einen Flachbildschirm investiert. Sein munterer Sohn hat ausgreifende Pläne, ein Glashaus über dem Gastgarten zum Glühweintrinken. Ich hoffe insgeheim, dass dafür das Geld nicht reicht.

So sitze ich im Café, nehme einen Presso, lese eine slowakische Zeitung oder ein deutsches Buch. Der Sohn des Cafetiers spricht mich manchmal an. Einmal hat er mich gefragt, ob er mir slowakische Flüche beibringen soll, und bot mir den populärsten im nächsten Atemzug an. Als hätte mir in all den Jahren entgehen können, dass circa fünfzehn Prozent der slowakischen Bevölkerung jedweden Aussagesatz mit »do piče« beenden, »in die Möse«! Eigentlich ein relativ schöner Fluch, auch von Slowakinnen gebraucht und daher deutbar als Ausdruck einer allumfassenden Sehnsucht.

Manchmal probiert Zeno Zenunis Sohn seine Deutschkenntnisse an mir aus. Das ist mir peinlich, und einmal habe ich ihm eine Dummheit erwidert, in spontaner Abwehr, einen Schlachtruf der slowakischen Nationalisten: »Na Slovensku po slovensky!« Das österreichische Gegenstück würde lauten: »Bei uns wird Deitsch g'redt!«

Zeno Zenuni muss das gehört haben, denn ein paar Tage später hat er etwas zu mir gesagt. Er zu mir, ohne Zweifel, einen ganzen Satz! Ich habe mich zutiefst erschrocken und verstand kein Wort. Wenn das in dem Tempo weitergeht, fechten wir gegen 2020 den ersten Wortwechsel aus.

Centrope 2020

April 2020. Heute treffen die Landeshauptleute, Komitatspräsidenten und Bürgermeister der Europa Region Mitte zu ihrer diesjährigen Generalversammlung zusammen, um die Einstellung der Regionenmarke CENTROPE zu beraten und zu beschließen.

»Do piče, picsaba, Scheiße«, flucht die Chefe, »mein Amt ist weg!« Die Chefe, der »High Commissioner of Cooperation«, eine Art Vorsteherin des Centrope-Verbindungsbüros, aus Quotengründen eine slowakische Romni aus dem ungarischsprachigen Gebiet, die aus Proporzgründen in Wien lebt, bei Břeclav amtiert und in Ungarn versteuert. Sie schiebt gern eine ruhige Kugel, genau wie ich. Sie wird mir fehlen.

Wir sitzen im Drei-Staaten-Auwald zwischen Thaya und March, im »Cross Border Cooperation Center«, einem weltweit unerreichten Passivhaus, sechs mal sechs Meter, heizt sich selbst mit heißer Luft. »Du musst mir mit meiner Rede helfen«, sagt die Chefe und gießt sich einen Fernet ein, einen größeren als sonst. »Ich müsste das fehlende Commitment der vier Nationalstaaten beklagen, aber ich will einen starken Abgang hinlegen. Was meinst du, soll ich von Erfolg sprechen? Soll ich sagen, wir werden dichtgemacht, weil es keine Probleme mehr gibt?«

»So was steht nicht in meiner Job Description«, blocke ich lustlos ab. »Ich bin nur der Fuzzi, der die Inder und Chinesen zu den Schaudörfern der Roma und Markomannen führt.« Die Chefe sieht mich lächelnd an, mit einer Spur von Spott im Blick. Ich weiß, was sie meint. Ich weiß, dass ich nicht qualifiziert bin. Ich weiß, dass mein Englisch schwach ist und mein Mandarin unter jeder Sau. Ich weiß, dass ich diese Halbtagsstelle nur deshalb bekommen habe, weil ich 2008 in einem wenig beachteten Buch auf damals ungeahnte Perspektiven des centropischen Tourismus verwiesen habe. Nachher habe ich mein Glück in Brüssel versucht, in Schanghai, zuletzt in der boomenden Twin-City Kinshasa-Brazzaville. War mir alles zu dynamisch, war mir alles zu viel. Seit 2018 bin ich in der Gegend zurück.

»Das kannst du ruhig sagen«, sage ich zur Chefe. »Sag ruhig, es ist der Erfolg selbst, der die schlanken Structures von Centrope überflüssig macht. Scheue an einem solchen Tag nicht die großen Worte! Sag der Generalversammlung, die Finalität von Centrope ist erreicht und gibt einen Vorgeschmack auf die nahende Finalité d'Europe!« Die Chefe nickt begeistert und schreibt den Schwachsinn auf.

Sie nimmt einen großen Schluck und sieht mich

zweifelnd an: »Meinst du, ich soll überhaupt keine Probleme erwähnen? Die verzweifelte Lage am Arbeitsmarkt? Dass wir die Türken und Ukrainer nicht mehr halten können? Dass sich nach sieben Jahren Stagnation und Lohnzurückhaltung kein Mensch mehr in die Gegend locken lässt?« – »Vergiss es!«, antworte ich, »das ist nicht deine Kompetenz. Du kannst sagen, in der Gegend ist die Arbeit getan. Wir haben die Straßen, Brücken, Tunnel, Umfahrungen und Schnellzüge, die wir brauchen. Du kannst die Generalversammlung mit der Aussicht entlassen, dass bis ans Ende unserer Tage nichts mehr zu tun ist. Was wäre denn auch zu tun? Es wächst nichts mehr, nicht die Wirtschaft, nicht der Verkehr, die Bevölkerung schon gar nicht.«

Die Chefe nickt. Sie hat schon alles, was sie braucht. Sie wird sicher das übliche Beispiel bringen, die duftig atmende Marchegger Straßenröhre, über der lächelnd die Störche kreisen. Die Chefe ist easy-going. Wirfst ihr ein paar Sprüche hin, und sie macht daraus eine Vision. Sie fehlt mir schon jetzt.

Ich stehe in der Tür, da ermahnt sie mich noch: »Lass dir von den Markomannen keine Extragebühr abschwatzen, ich habe kein Budget mehr dafür! Du brauchst die Zotteligen nicht zu schmieren, die leben von den Touristen! Wenn sie wieder die Hand aufhalten, probier den Checkpoint in Andlersdorf!«

Ich sage der Chefe adieu. Ich habe zwei Führungen vor mir, ein indisches Brahmanen-Pärchen und eine Gruppe chinesischer Männer, die ihren Junggesellenabschied feiern. Die Chinesen bereiten mir Bauchweh. Hoffentlich wollen sie nicht ins Mährische fahren, in den drittgrößten Sexual-Entertainment-Komplex der Welt. Und hoffentlich machen sie sich nicht wieder über uns lustig. »Centrope kommt wohl von Entropie«, hat mal einer gesagt, »vom Wärmetod«. Dabei suchen sie genau das, die Stille, die Leere, die frische Luft. Die Biosphären-Hängematten-Region, wie die Chefe intern sagt.

Das indische Pärchen will sicherlich in eines der Roma-Ethno-History-Schaudörfer. Vor Jahren haben indische Milliardäre ihre versprengten Brüder in Mitteleuropa entdeckt und großzügig investiert. Seither ist das ein Selbstläufer, wie Urlaub am Bauernhof, die Inder und Amis buchen das wie verrückt.

Wenn die Chinesen nicht billigen Sex wollen, kann ich am Abend chillen, in dem namenlosen Wohnturm in Greater Bratislove, in dem ich eingemietet bin. Der letzte original erhaltene Panelák steht unter Denkmalschutz, und nach dem Ende des Booms hat das Volk das verschmuddelte Grellbunt der Häuser nicht mehr hingenommen. Schließlich hat das slowakische Kulturministerium Efeupflanzen gestiftet, die besonders schnell wachsen. Zu Hause ist es schön ruhig. Ich lagere die Beine hoch und schaue aus dem Fenster. Ich schaue in die Gegend. Ich schaue dem Efeu beim Wachsen zu. Ich schaue zu, wie alles überwuchert.